Wolfgang Link

# Low-Carb-Feierabendküche

## 5 Zutaten – 15 Minuten – 40 Rezepte

# Inhalt

# Rezepte

# Schatz, ich bin dann mal schnell in der Küche!

**Low-Carb schlemmen nach Feierabend? Klingt gut, wenn … ja, wenn da nicht der lästige und zeitintensive Einkauf nach einem langen und stressigen Arbeitstag wäre und der knurrende Magen – sei es nun der eigene oder der hungriger Familienmitglieder – der auf der Stelle nach etwas Essbarem verlangt.**

Schneller Einkauf, schnelle Zubereitung … zu mehr reichen während der Woche nach Feierabend meist weder Zeit noch Lust. Klingt verdächtig nach dem eiligen Griff zu Fertiggerichten aus der Tiefkühltruhe, danach, sich um die Ecke beim Italiener oder am Imbiss zu versorgen oder zügig ein Käsebrot auf den Tisch zu bringen. Das wiederum klingt nach verdächtig vielen Kohlenhydraten, wenig Nährstoffen und geschmacklichem Einerlei …

Das muss nicht sein. Denn auch wenn die Zeit knapp ist, ist eine gesunde und ausgewogene Küche möglich; können Sie den Tag mit einem frischen, schmackhaften und zugleich kohlenhydratbewussten Gericht ausklingen lassen. Denn zum Glück gibt es eine Vielzahl schneller und einfacher Rezepte, die mit wenigen, aber überwiegend frischen Zutaten auskommen und in Nullkommanix – schneller als so manches Fertiggericht – auf dem Tisch stehen. Und das alles auch noch Low-Carb, also kohlenhydratreduziert und damit äußerst stoffwechselfreundlich und so richtig lecker.

Fünf Hauptzutaten, ein kleines Repertoire an Basiszutaten, rund 15 Minuten Zubereitungszeit und am Ende wenige Kohlenhydrate und viel Genuss: Da wird die Frage künftig nicht lauten, wer nach Feierabend kochen muss, sondern wer den Kochlöffel schwingen darf! Sorry Schatz, aber heute bin ich dran …

# Abendessen im Wandel der Zeit

Das Abendessen hat sich im Laufe der Jahrzehnte sehr gewandelt. Kaum ein Haushalt, in dem früher abends gekocht wurde. Vielmehr zählte Brot mit Aufschnitt und kleinen Extras wie Gewürzgurken oder einem gekochten Ei zu den Klassikern auf dem Abendbrottisch. Inzwischen ist das Abendessen bei vielen zur Hauptmahlzeit des Tages geworden, sind warme Mahlzeiten nach Feierabend eher die Regel als die Ausnahme. Das ist oft auch die einzige Zeit des Tages, an der die Familie zum Essen zusammenkommt, während die Mahlzeiten untertags meist außer Haus und an unterschiedlichen Orten eingenommen werden.

Allerdings hält sich die Lust, nach Feierabend auf der Suche nach diversen Zutaten durch diesen und jenen Supermarkt zu hetzen, sich in die Schlangen an den Kassen einzureihen, um dann zu Hause noch ein gutes Stündchen in der Küche zu verbringen, bei den meisten doch sehr in Grenzen.

Dabei kann es so einfach sein: Zu einer Auswahl an Basics – Gewürze, Würzmittel sowie Öle/Fette – die Sie schon im Haus haben sollten (eine entsprechende Übersicht finden Sie ab Seite 13), brauchen Sie nur ganze fünf Zutaten, mit denen Sie ein köstliches Gericht auf den Tisch zaubern können. Die sind auf dem Heimweg recht schnell besorgt. Und wenn Sie dort einkaufen, wo es eine Schnellkasse für maximal fünf Produkte gibt, umso besser. Vielleicht haben Sie auch die eine oder andere Zutat schon zu Hause, etwa Thunfisch oder Tomaten aus der Dose, ein Töpfchen mit frischem Basilikum oder tiefgefrorene Beeren. Dann geht es mit dem Einkauf noch flotter.

**Abendessen wie ein Bettler?** Während man früher hierzulande der Meinung war, dass das Abendessen eher sparsam ausfallen sollte – Stichwort: »… abends wie ein Bettelmann« – weiß man inzwischen, dass es gar nicht ausschlaggebend ist, zu welcher Tageszeit die größte Mahlzeit eingenommen wird. In Südeuropa ist die Mahlzeit in den kühleren Abendstunden seit jeher die Hauptmahlzeit des Tages. Und auch in England isst man zum Lunch eher spärlich und trifft sich dafür abends zum gemütlichen Dinner mit der Familie.

# Low-Carb

**Low-Carb (aus dem Englischen: low = niedrig; carb = Abkürzung von carbohydrates = Kohlenhydrate) ist eine Ernährungsweise, bei der bewusst weniger Kohlenhydrate gegessen werden. Und das aus gutem Grund: Zu viele Kohlenhydrate machen nachweislich hungrig, dick und auf Dauer auch krank.**

Kohlenhydrathaltige Lebensmittel lassen unseren Blutzucker ansteigen. Das ruft das Hormon Insulin auf den Plan. Es wird benötigt, damit der Zucker aus dem Blut in die Zellen gelangen kann und der Blutzuckerspiegel wieder in den Normalbereich gelangt. Je mehr Kohlenhydrate wir essen und je schneller der Blutzuckerspiegel ansteigt (etwa nach einer üppigen Nudelportion, belegten Brötchen oder Süßigkeiten), umso mehr Insulin wird benötigt, um den Blutzucker wieder auf sein normales Niveau zu senken. Fällt der Blutzuckerspiegel aufgrund großer Insulinmengen entsprechend rasch nach unten, entsteht schnell ein unangenehmes Heißhungergefühl. Der Griff zu weiteren kohlenhydrathaltigen Speisen verspricht Abhilfe. Doch damit setzt sich die Spirale aus Blutzuckeranstieg und nachfolgender Insulinausschüttung erneut in Gang. Auf diese Weise kommen schnell mehr Kalorien zusammen, als verbraucht werden – besonders dann, wenn es an Bewegung mangelt. Die überflüssige Energie wird in Form von Fett gespeichert und lässt die »Rettungsringe« wachsen. Leider wird man die mit einer kohlenhydratbetonten Ernährung auch so schnell nicht wieder los: Denn hohe Insulinspiegel fördern nicht nur die Speicherung von Fett, sondern hemmen auch seine Verbrennung.

Mit einer Reduzierung der Kohlenhydrate lässt sich dieser Kreislauf wirkungsvoll durchbrechen und es gelingt ganz einfach, sein Gewicht nachhaltig zu reduzieren und/oder zu stabilisieren. Abnehmen wirkt sich günstig auf den Stoffwechsel aus. Aber – und das zeichnet die Low-Carb-Ernährung besonders aus – auch ganz ohne Gewichtsverlust verbessern sich Blutwerte wie Cholesterin, Triglyceride, Harnsäure, Entzündungsmarker und auch der Blutdruck. Optimale Voraussetzungen, um Zivilisationskrankheiten wie Typ-2-Diabetes, Erkrankungen des Herz-Kreislauf-Systems, einer Fettleber oder Gicht wirkungsvoll zu begegnen.

## Low-Carb → LOGI

Mit einer täglichen Kohlenhydratmenge von 80 bis 130 Gramm ist die wissenschaftlich fundierte LOGI-Methode eine moderate, äußerst flexible und praxistaugliche Variante der Low-Carb-Ernährung. Die Abkürzung LOGI stammt ebenfalls aus dem Englischen (»**LO**w **G**lycemic and **I**nsulinemic Diet«) und steht für eine Ernährung, die niedrige Blutzuckerspiegel und eine geringe Insulinausschüttung fördert. Anstelle von Kohlenhydraten stehen ballaststoff- und wasserreiche Nahrungsmittel, Eiweiß und gesunde Fette im Mittelpunkt, aus denen abwechslungsreiche und schmackhafte Mahlzeiten entstehen. Sie sorgen für eine gute und lang anhaltende Sättigung, eine optimale Versorgung mit allem, was der Organismus braucht und tun dem Stoffwechsel in vielfältiger Weise gut.

# Die LOGI-Pyramide

Dank der LOGI-Pyramide ist die Umsetzung der LOGI-Ernährung kinderleicht. Sie unterstützt Sie bei Ihrer täglichen Lebensmittelauswahl.

Die Basis der LOGI-Ernährung bilden Gemüse, Salate und Pilze sowie vorwiegend zuckerarme Früchte wie etwa Beeren. Hinzu kommen hochwertige Fette und Öle (z.B. Rapsöl, Olivenöl, Butter, Leinöl). Sie sind Lieferanten wertvoller Fettsäuren, Transporteure fettlöslicher Vitamine und vor allem auch Geschmacksträger. Fleisch, Geflügel und Fisch sowie Milch und Milchprodukte sorgen für eine gute Eiweißversorgung. Auch Nüsse und Hülsenfrüchte sind bestens mit LOGI vereinbar.

Bei Brot und Backwaren sollte die Vollkornvariante bevorzugt werden. Aufgrund des Ballaststoffgehalts steigt der Blutzucker etwas langsamer an und die Sättigung ist besser als bei der »leeren« Weißmehlvariante. Aber Achtung: Hier ist die Menge entscheidend! Pro Tag sollten es nicht mehr als ein bis zwei Scheiben Vollkornbrot oder eine kleine Portion Backwaren sein. Kleine Portionen: Das gilt auch für Kartoffeln oder Nudeln (al dente!).

Baguette, Toast, Weißbrot, Backwaren, Süßigkeiten oder gesüßte Getränke sind zwar nicht grundsätzlich verboten, sollten aber eher selten verzehrt werden, weil sie den Blutzucker schnell in die Höhe treiben.

Mit der LOGI-Low-Carb-Ernährung verhindern Sie starke Blutzuckeranstiege und -schwankungen und entsprechend hohe Insulinausschüttungen. Auf diese Weise unterstützen Sie Ihren Stoffwechsel optimal – für mehr Wohlbefinden, Leistungsfähigkeit und Gesundheit.

**Noch mehr Informationen finden Sie im Internet auf www.logi-aktuell.de.**

Ein Beitrag der systemed-Redaktion

# Schnelle und genussvolle Low-Carb-Küche mit fünf Hauptzutaten

**Gemüse, Salate, frische Kräuter, zuckerarme Obstsorten, gute Eiweißquellen wie Fleisch, Fisch, Eier, Milchprodukte, Hülsenfrüchte, Nüsse und Samen sowie hochwertige Fette – darauf basiert die LOGI-Low-Carb-Ernährung. Und das sind natürlich auch die Hauptakteure bei den schnellen Gerichten für die Feierabendküche.**

## Gemüse und Obst

Beim Gemüse können Sie auch aus dem Vollen schöpfen, wenn es schnell gehen soll. Die meisten Gemüsesorten verlangen keine großen Vorarbeiten und sind auch schnell zubereitet. Und wenn Sie nicht gerade das Verlangen nach besonders exotischen Vertretern haben, können Sie es nahezu überall bekommen. Besonders empfehlenswert ist es, Gemüse einzukaufen, das gerade Saison hat. Das kommt in der Regel frisch und vor allem reif geerntet in den Handel und lohnt sich auch preislich.

Von Gemüse, Salaten und Kräutern können Sie eigentlich nie genug bekommen und dürfen bei den einzelnen Rezepten mengenmäßig auch gerne noch aufstocken. Schließlich punkten die bunten Kraftpakete aus der Natur nicht nur mit einem niedrigen Kohlenhydratgehalt, sondern auch mit reichlich Vitalstoffen.

Beim Obst stehen die zuckerarmen Sorten im Fokus, die den Blutzuckerspiegel nur mäßig belasten, allen voran die Beeren. Sie schmecken nicht nur pur oder im Dessert, sondern geben auch pikanten Speisen eine besondere Note.

## Fleisch, Fisch, Eier

Fleisch, Fisch und Eier versorgen uns mit hochwertigem Eiweiß und tragen damit unter anderem zu einer guten Sättigung bei. Sie sind auch dann bestens geeignet, wenn es schnell gehen soll – solange es sich nicht um einen dicken Braten handelt, der stundenlang im Ofen schmoren muss. Perfekt für die schnelle Feierabendküche sind alle Fleischsorten, die sich zum Kurzbraten eignen, etwa Filet vom Rind oder Schwein, Minutensteaks, Putenschnitzel oder Hähnchenbrustfilets. Deren Zubereitung dauert nur ein paar Minuten, und aus den verschiedenen Sorten lassen sich eine ganze Palette an Gerichten zubereiten.

Auch Fisch zeichnet sich durch eine einfache Zubereitung und kurze Garzeiten aus. Wenn Sie keine Gelegenheit haben, frischen Fisch zu kaufen, kann es durchaus auch tiefgefrorener Fisch sein. Achten Sie jedoch darauf, dass er nicht schon mit einer fertigen Sauce oder sonstigen Beigaben daherkommt, die meist eine Menge an Kohlenhydraten oder sonstigen Zusatzstoffen enthalten. Fette Fische wie Hering, Sardinen, Makrele oder Lachs zeichnen sich durch ihren hohen Gehalt an Omega-3-Fettsäuren aus.

Auch aus Eiern lassen sich viele schnelle und abwechslungsreiche Gerichte zubereiten. Zudem sind Sie auch in guter Qualität – also aus artgerechter Haltung – ein preisgünstiger Eiweißlieferant und versorgen uns mit vielen weiteren wichtigen Nährstoffen.

Insgesamt sollten Sie beim Einkauf von Fleisch, Fisch und Eiern bestmöglich auf eine nachhaltige Produktion und eine gute Qualität achten.

## Milchprodukte

Milchprodukte tragen ebenso zu einer guten Eiweißversorgung bei. Hier dürfen es gerne die Varianten mit dem natürlichen Fettgehalt sein. Die schmecken besser und machen auch besser satt.

## Hülsenfrüchte

Hülsenfrüchte sind trotz ihres vergleichsweise hohen Kohlenhydratgehalts ein wichtiger Bestandteil der Low-Carb-Küche. Ihr hoher Eiweiß- und Ballaststoffanteil sorgt dafür, dass der Blutzucker nach dem Verzehr nicht in Höhe schießt. Mengenmäßig sollte man es damit aber dennoch nicht übertreiben. Mit Kidneybohnen und Kichererbsen lassen sich auf die Schnelle recht viele schmackhafte Gerichte zubereiten, etwa der orientalische Kichererbsensalat auf Seite 19 oder die Ofenputenschnitzel mit Kidneybohnen von Seite 36.

## Nüsse und Samen

Eine gute Fettzusammensetzung, reichlich Eiweiß, Ballaststoffe, Vitamine, Mineralstoffe und Spurenelemente machen Nüsse und Samen zu wertvollen Bestandteilen der Low-Carb-Küche. Sie sind sehr vielseitig einsetzbar, etwa als knackige Komponente in einem frischen Salat, als kohlenhydratarme Panade für Fisch und Fleisch oder als schöne Garnitur. Walnüsse zeichnen sich besonders durch ihren Gehalt an Omega-3-Fettsäuren aus.

## Fette und Öl

Sie gehören in diesem Ratgeber nicht zu den »big five«, sondern zu den Basics. Legen Sie sich zwei gute Öle zu, die vielfältig einsetzbar sind, also sowohl in der warmen Küche zum Kochen und schonenden Braten als auch für kalte Gerichte. Dazu zählen Oliven- und Rapsöl mit einem hohen Anteil an einfach ungesättigten Fettsäuren, die in den Rezepten dieses Ratgebers zum Einsatz kommen. Natürlich können Sie Ihren Fettvorrat jederzeit ergänzen, etwa mit Sesamöl für asiatische Gerichte, nativem Kokosfett oder Butterschmalz zum Braten bei höheren Temperaturen sowie einem Omega-3-säurereichen Öl, z. B. Lein- oder Hanföl, für die kalte Küche. Mit Butter sorgen Sie bei verschiedenen Rezepten für eine geschmackliche Abrundung.

# Ohne Basics geht es nicht

Natürlich brauchen Sie zu den fünf Hauptzutaten auch noch ein paar Basics, die zur Zubereitung erforderlich sind und/oder für Geschmack und Würze sorgen. Von denen können Sie sich schon vorab einen kleinen Vorrat zulegen, damit der tägliche Einkauf überschaubar bleibt. Sie sind – die richtige Aufbewahrung vorausgesetzt – meist recht lange haltbar und müssen nur dann auf die Einkaufsliste, wenn der Bestand zur Neige geht. Nachfolgend finden Sie eine Übersicht über die Basiszutaten, die Sie für die Rezepte in diesem Büchlein brauchen. Natürlich können Sie Ihr Repertoire an Fetten und Ölen, Gewürzen und Würzmitteln beliebig erweitern und den einzelnen Gerichten auch mal eine andere geschmackliche Note geben.

### Fette und Öle

- Olivenöl
- Rapsöl
- Butter

### Klassische Gewürze

- Salz
- schwarzes Pfefferpulver, schwarzer Pfeffer aus der Mühle
- Paprikapulver, Paprikapulver edelsüß
- Muskat (Muskatnuss mit Reibe!)
- Kümmel

### Exotische(re) Gewürze

- Chilipulver, Chiliflocken
- Currypulver

### Getrocknete Kräuter

- Basilikum
- Oregano
- Thymian

### Würzmittel

- heller Balsamicoessig
- dunkler Balsamicoessig
- Rotweinessig (für 1 Rezept)
- Weißweinessig (für 1 Rezept)
- Senf
- Currypaste (Glas oder Tube)
- Sojasauce

### Sonstiges

- Zitronensaft
- Limettensaft

Neben den Basics lassen sich natürlich auch einige der fünf Hauptzutaten gut bevorraten, sodass sich der tägliche Einkaufsbedarf in Grenzen hält. Dazu gehören:

- Tomaten aus der Dose
- Thunfisch in eigenem Saft
- Kidneybohnen aus der Dose
- Kichererbsen aus Dose oder Glas
- Tiefkühlgemüse
- Tiefkühlbeeren
- Tiefkühlfisch

## Salatwraps

**Für 4 Personen**

- 8 EL Joghurt
- 1 gelbe Paprikaschote
- 2 Frühlingszwiebeln
- 8 große Blätter Eisbergsalat
- 200 g Parmaschinken

- 1 EL Rapsöl
- Salz, Pfeffer

1 Portion (ca. 190 g): 210 kcal, 15,2 g Eiweiß (29,2 E%), 14,6 g Fett (61,9 E%), 4,7 g Kohlenhydrate (8,9 E%)

01 Den Joghurt mit dem Öl verrühren und mit Salz und Pfeffer abschmecken.

02 Die Paprikaschote halbieren, entkernen, waschen und in feine Würfel schneiden. Die Frühlingszwiebeln vom Wurzelwerk befreien, waschen und in feine Ringe schneiden.

03 Die Salatblätter waschen und trocken schütteln. Jeweils zwei Salatblätter ineinander legen. Mit etwas Joghurt bestreichen. Je nach Größe 1–2 Scheiben Schinken darauflegen und diese mit Paprikawürfel und Frühlingszwiebeln garnieren.

04 Den Salat mit leichtem Druck zusammenrollen und mit Zahnstochern fixieren. Zum Servieren die Salatwraps halbieren und auf Tellern anrichten.

**TIPP:** Wer ein wenig mehr Zeit zur Verfügung hat, kann anstelle des Eisbergsalates auch blanchierte Weißkohlblätter ohne Strunk verwenden.

## Spinatsalat

**Für 4 Personen**

- 1 Rettich (ca. 400 g)
- 1 Salatgurke
- 4 Schalotten
- 600 g frischer junger Spinat
- 60 g Walnusskerne

- 3 EL Rapsöl
- 4 EL heller Balsamicoessig
- ¾ TL Salz, frisch gemahlener schwarzer Pfeffer

1 Portion (ca. 380 g): 240 kcal, 8,1 g Eiweiß (14 E%), 18,9 g Fett (72,1 E%), 8,1 g Kohlenhydrate (13,9 E%)

01 Den Rettich und die Salatgurke schälen und grob zerkleinern. Die Schalotten schälen und grob würfeln.

02 Rettich, Schalotten und Gurken zusammen mit Öl, Essig und Salz in eine Küchenmaschine geben und alles grob pürieren.

03 Den frischen Spinat verlesen, waschen und abtropfen lassen. Anschließend mit den pürierten Zutaten vermengen.

04 Die Walnusskerne zerkleinern und in einer Pfanne ohne Fett anrösten. Zum Servieren noch warm über den Salat streuen.

## Avocadoschale

**Für 4 Personen**

- 4 Avocados
- 2 rote Zwiebeln
- 2 gelbe Paprikaschoten
- 3 Fleischtomaten
- 5 g (ca. 4 EL) frischer Koriander

- **Saft von ½ Limette**
- **Salz, Pfeffer**

1 Portion (ca. 400 g): 340 kcal, 5,1 g Eiweiß (6 E%), 28,7 g Fett (75,1 E%), 16 g Kohlenhydrate (18,9 E%)

01 Avocados halbieren, entkernen, schälen und in Würfel schneiden. Die Zwiebeln fein hacken. Die Paprikaschoten waschen, entkernen und ebenfalls grob zerkleinern. Auch die Tomaten waschen und klein schneiden.

02 Den Koriander waschen, abtropfen lassen und die kleinen Blätter fein hacken. Alles zusammen in eine große Schale geben.

03 Den Limettensaft über den Zutaten verteilen und alles mit Salz und Pfeffer abschmecken.

## Papayasalat

**Für 4 Personen**

- 20 g frischer Ingwer
- 100 g Pekannusskerne
- 3 kleine Papayas
- 300 g Kirschtomaten
- 2 Kopf Lollo rosso

- **3 EL mittelscharfer Senf**
- **1 EL Olivenöl**
- **Salz, Chiliflocken**

1 Portion (ca. 295 g): 265 kcal, 5,1 g Eiweiß (7,8 E%), 21,2 g Fett (71,3 E%), 13,7 g Kohlenhydrate (20,9 E%)

01 Den Ingwer schälen und fein würfeln. Ingwer, Salz, 1 TL Chiliflocken, Senf und Öl vermischen. Die Nüsse fein hacken. Die Papaya waschen, schälen, halbieren, entkernen und das Fruchtfleisch würfeln.

02 Die Tomaten waschen und nach Entfernen des Strunks vierteln. Den Lollo rosso waschen, trocken schütteln und in feine Streifen schneiden.

03 Alle Zutaten vermischen, mit der Senfsauce übergießen und anrichten.

# Frühlingssalat mit grünem Spargel

**Für 4 Personen**

- 1 Bund grüner Spargel (ca. 600 g)
- 20 Kirschtomaten (ca. 200 g)
- 200 g Fetakäse
- 1 Dose Thunfisch (150 g, Abtropfgewicht)
- 1 Stange Staudensellerie

- 2 EL Olivenöl
- 2 EL Balsamicoessig
- Salz, Pfeffer

1 Portion (ca. 320 g): 265 kcal, 19,7 g Eiweiß (30 E%), 17,6 g Fett (60,9 E%), 6 g Kohlenhydrate (9,1 E%)

01 Die Spargelstangen im unteren Drittel schälen und die holzigen Enden abschneiden. Den Spargel anschließend längs halbieren und in ca. 2–3 cm lang schräge Stücke schneiden. Die Kirschtomaten waschen und halbieren. Den Fetakäse in ca. 1 cm große Würfel schneiden. Den Thunfisch abgießen und mit einer Gabel zerpflücken. Den Staudensellerie putzen, waschen und in dünne Halbmonde schneiden.

02 Das Olivenöl in einer Pfanne erhitzen und den Spargel unter ständigem Rühren ca. 2–3 Minuten braten. Anschließend die Tomaten dazugeben. Die Hitze etwas reduzieren und alles weiterhin regelmäßig durchrühren. Sobald die Tomaten anfangen sich aufzulösen, Fetakäse und Thunfisch ebenfalls in die Pfanne geben und alles mischen. Mit Salz und Pfeffer abschmecken.

03 Zum Servieren den warmen Frühlingssalat auf Tellern verteilen, mit Balsamicoessig beträufeln und mit dem geschnittenen Staudensellerie garnieren.

**TIPP:** In Schraubgläser verpackt eignet sich der Salat auch für unterwegs.

# Orientalischer Kichererbsensalat

**Für 4 Personen**

- 1 Dose Kichererbsen (265 g, Abtropfgewicht)
- 3 Möhren
- 4 Schalotten
- 1 Glas Sardinen in Öl (200 g, Abtropfgewicht)
- ½ Bund frischer Koriander

- 2 EL Rapsöl
- Saft von ½ Zitrone
- Salz, Pfeffer

1 Portion (ca. 205 g): 270 kcal, 17,6 g Eiweiß (26,8 E%), 13,8 g Fett (48,7 E%), 16,7 g Kohlenhydrate (25,4 E%)

01 Kichererbsen abgießen und in einer heißen Pfanne mit dem Rapsöl 3–4 Minuten anbraten. Anschließend in eine Schüssel geben.

02 Die Möhren waschen, schälen und in feine Würfel schneiden. Die Schalotten ebenfalls schälen und in feine Würfel schneiden. Die Sardinen in einem Sieb abtropfen lassen und in grobe Stücke hacken.

03 Möhren, Schalotten und Sardinen zu den Kichererbsen geben und untermengen. Den Salat anschließend mit Zitronensaft, Salz und Pfeffer würzen.

04 Den Koriander waschen, trocken schütteln und in Blätter zupfen. Zum Servieren den Salat in Tellern anrichten und mit dem Koriander bestreuen.

**TIPP:** Anstelle der Kichererbsen können Sie auch Kidneybohnen verwenden.

# Staudenselleriesalat mit Putenschinkenstreifen

**Für 4 Personen**

- 150 g Fetakäse
- 200 g schwarze Oliven (entsteint)
- 600 g Staudensellerie
- 1 Kopfsalat
- 150 g geräucherter Putenschinken (ca. 6 Scheiben)

- **2 EL Balsamicoessig**
- **4 EL Olivenöl**
- **1 TL Senf**
- **Salz, Pfeffer**

1 Portion (ca. 290 g): 320 kcal, 16,9 g Eiweiß (21,6 E%), 24,9 g Fett (70,6 E%), 6,1 g Kohlenhydrate (7,8 E%)

01 Essig, Öl, Senf, Salz und Pfeffer zu einem Dressing verrühren.

02 Den Fetakäse grob zerbröckeln. Die Oliven abtropfen lassen und in Scheiben schneiden. Den Staudensellerie putzen, waschen und in feine Halbmonde schneiden.

03 Den Feta mit den Olivenscheiben und dem Staudensellerie mischen. Das Dressing dazugeben und alles gut miteinander vermengen.

04 Den Kopfsalat in mundgerechte Stücke pflücken, waschen und in einem Sieb abtropfen lassen. Den Putenschinken in feine Streifen schneiden.

05 Die Salatblätter dekorativ auf einem Teller anrichten, den Staudenselleriesalat darauf verteilen, die Schinkenstreifen darüber geben und servieren.

**TIPP:** Eine weitere geschmackliche Variante des Gerichts erhalten Sie, wenn Sie anstelle von Fetakäse Ziegenkäse verwenden.

# Melonen-Schinken-Salat

**Für 4 Personen**

- **200 g Himbeeren**
- **4 Römersalatherzen**
- **1 reife Melone (z. B. Cantaloupe, ungefähr 500 g)**
- **250 g Mozzarella**
- **200 g Putenschinken**

- **2 EL heller Balsamicoessig**
- **2 EL Olivenöl**
- **Salz, Pfeffer**

1 Portion (ca. 375 g): 320 kcal, 24,7 g Eiweiß (31,3 E%), 19,4 g Fett (55,9 E%), 10 g Kohlenhydrate (12,8 E%)

01 In einer großen Salatschüssel das Dressing anrühren: Dafür 3 EL Wasser, den Essig und das Öl vermischen und das Ganze mit Salz und Pfeffer abschmecken.

02 Die Himbeeren verlesen, waschen und abtropfen lassen. Die Salatherzen ebenfalls waschen und trocken schleudern oder gut abtropfen lassen. Anschließend in mundgerechte Stücke zupfen.

03 Das Fruchtfleisch der Melone mit einem kleinen Eislöffel in Kugeln herausstechen oder in kleine Würfel schneiden. Den Mozzarella abwaschen und in dünne Scheiben schneiden. Putenschinken in feine Streifen schneiden.

04 Die Salatblätter mit einem Teil des Dressings mischen und anrichten. Die Himbeeren, den Mozzarella und die Melonenstücke oder -kugeln sowie den Putenschinken darauf verteilen und alles mit dem restlichen Dressing beträufeln.

**TIPP:** Anstelle von Himbeeren können Sie auch Erdbeeren für den Salat verwenden. Sie haben von Ende Mai/Anfang Juni bis in den August hinein Saison.

# Avocadosuppe

**Für 4 Personen**

- 2 Zwiebeln
- 2 Avocados
- ¾ l Gemüsebrühe
- 300 g geräuchertes Forellenfilet
- ½ Bund frischer Dill

- 1 EL Olivenöl
- Saft von ¼ Zitrone
- Salz, frisch gemahlener Pfeffer, Muskat

1 Portion (ca. 405 g): 295 kcal, 18,7 g Eiweiß (25,3 E%), 21,7 g Fett (66,4 E%), 6,2 g Kohlenhydrate (8,3 E%)

01 Die Zwiebeln schälen und in kleine Würfel schneiden. Anschließend in einem Topf mit heißem Olivenöl glasig dünsten.

02 Die Avocados entkernen, schälen und in grobe Stücke schneiden. Die Avocadostücke zusammen mit der Gemüsebrühe zu den Zwiebeln geben und ca. 5–6 Minuten kochen. Mit Salz, Pfeffer und Muskat abschmecken.

03 Anschließend das Ganze mit dem Stabmixer fein pürieren und mit Zitronensaft abschmecken. Das Forellenfilet in mundgerechte Stücke portionieren.

04 Den Dill waschen, trocken schütteln, zupfen und fein hacken. Zum Servieren die Suppe zusammen mit dem geräucherten Forellenfilet und dem Dill in tiefen Tellern anrichten.

# Riesengarnelen mit Avocado

**Für 4 Personen**

- 2 Kopf Lollo rosso
- 1 Salatgurke
- 20 Riesengarnelen (küchenfertig, ca. 500 g)
- 30 g Sesam (geröstet)
- 2 Avocados

- **3 EL Rapsöl**
- **2 EL Balsamicoessig**
- **Salz, Pfeffer**

1 Portion (ca. 410 g): 395 kcal, 27,6 g Eiweiß (28,2 E%), 27,5 g Fett (67,3 E%), 9,3 g Kohlenhydrate (9,5 E%)

01 Den Salat putzen, waschen und in kleine Blätter zupfen. Die Gurke schälen, längs halbieren, von den Kernen befreien und in dünne Streifen hobeln.

02 2 EL Rapsöl in einer Pfanne erhitzen und die Garnelen darin von beiden Seiten ca. 2–3 Minuten anbraten. 1 Minute vor Ende der Bratzeit den Sesam mit in die Pfanne geben und das Ganze mit Salz und Pfeffer würzen.

03 In Zwischenzeit die Avocados längs halbieren, entkernen, schälen und fein würfeln.

04 Lollo rosso, Gurken und Avocadowürfel in einer Schüssel miteinander vermengen.

05 Für die Marinade das restliche Rapsöl, den Balsamicoessig, etwas Salz und Pfeffer verquirlen und über den Salat geben.

06 Zum Servieren den Salat in tiefen Tellern anrichten und die gebratenen Garnelen darauf verteilen.

# Geräuchertes Lachssushi

**Für 4 Personen**

- 2 Salatgurken
- 200 g Frischkäse (20 % Fett)
- 10 g Mohn
- 400 g geräucherter Lachs in Scheiben
- 1 TL Wasabi

- Salz, Pfeffer

1 Portion (ca.355 g): 285 kcal, 28,7 g Eiweiß (42 E%), 14,9 g Fett (49,3 E%), 5,9 g Kohlenhydrate (8,7 E%)

01 Die Gurken schälen und grob raspeln.

02 Frischkäse und Mohn glatt rühren und mit Salz und Pfeffer würzen.

03 Die Lachsscheiben aneinandergereiht auf Frischhaltefolie legen. Mit der Frischkäsemasse bestreichen und die Gurkenraspel gleichmäßig darauf verteilen. Dann die Sushi mithilfe der Frischhaltefolie fest einrollen. Anschließend die Folie wieder entfernen und die Sushirollen in Stücke schneiden.

**TIPP:** Das Gericht schmeckt auch mit geröstetem Sesam anstelle von Mohn.

# Zucchini-Lachs-Pfanne

**Für 4 Personen**

- 4 Zucchini
- 3 Zwiebeln
- 150 ml Schlagsahne
- 150 ml Gemüsebrühe
- 600 g Lachsfilet

- 4 EL Rapsöl
- Salz, Pfeffer

1 Portion (ca. 445 g): 505 kcal, 34,8 g Eiweiß (27,8 E%), 37,5 g Fett (66,4 E%), 7,2 g Kohlenhydrate (5,8 E%)

01 Die Zucchini putzen, waschen und in dünne Scheiben schneiden. Die Zwiebeln schälen und fein würfeln.

02 2 EL Öl in einer Pfanne erhitzen und das Gemüse darin ca. 2–3 Minuten anbraten, dann mit Sahne und Brühe ablöschen, das Ganze aufkochen und ca. 1–2 Minuten köcheln lassen.

03 Die Lachsfilets abspülen, trocken tupfen und in 8 Stücke schneiden. In einer weiteren Pfanne den Fisch im restlichen Öl pro Seite 2–3 Minuten braten und dann mit Salz und Pfeffer würzen.

04 Zum Servieren die Lachsstücke zusammen mit dem Gemüse auf Tellern anrichten.

**TIPP:** Anstelle von Zucchini passen zu diesem Gericht auch Auberginen.

# Lachspfanne mit Spinat

**Für 4 Personen**

- 2 Zwiebeln
- 200 g Champignons
- 400 g Blattspinat
- 600 g Lachsfilet (küchenfertig)
- 100 ml Kokosmilch

- 2 EL Rapsöl
- Salz, Pfeffer

1 Portion (ca. 355 g): 395 kcal, 35,5 g Eiweiß (36 E%), 26,7 g Fett (61,3 E%), 2,7 g Kohlenhydrate (2,7 E%)

01 Die Zwiebeln schälen und fein würfeln. Champignons waschen oder abbürsten und in feine Scheiben schneiden. Den Spinat verlesen, waschen und trocken schütteln.

02 Die Lachsfilets waschen, trocken tupfen und in etwa 1 cm große Würfel schneiden.

03 Das Rapsöl in einer Pfanne erhitzen und darin die Zwiebeln zusammen mit den Lachswürfeln 2–3 Minuten anbraten. Währenddessen mit Salz und Pfeffer würzen.

04 Anschließend die Pilze und den Spinat dazugeben und das Ganze noch mal ca. 2–3 Minuten braten. Kurz vor Ende der Bratzeit alles mit Kokosmilch ablöschen und nochmals mit Salz und Pfeffer abschmecken.

05 Danach direkt in tiefen Tellern anrichten und servieren.

**TIPP:** Während der Pilzsaison (Anfang Juli bis Ende Oktober) können Sie anstelle der Champignons auch frische Pfifferlinge verwenden.

# Kalte Gurkensuppe mit Forellennocken

**Für 4 Personen**

- 3 Salatgurken
- 1 Bund frisches Basilikum
- 400 g Schmand
- 200 g geräucherte Forelle
- 20 g Parmesan (gerieben)

- **2 EL Olivenöl**
- **Salz, Pfeffer, Chilipulver, Paprika edelsüß**

1 Portion (ca. 445 g): 295 kcal, 17,4 g Eiweiß (23,5 E%), 20,1 g Fett (61,6 E%), 11 g Kohlenhydrate (14,9 E%)

01 Die Gurken schälen, längs halbieren, entkernen und in grobe Stücke schneiden. Basilikum waschen und entstielen. Einige Blätter zur Dekoration beiseitelegen und den Rest grob schneiden.

02 Die Gurkenstücke mit Basilikum, Öl und der Hälfte des Schmands in einem Mixer (oder mit einem Stabmixer) pürieren. Anschließend mit Salz, Pfeffer, 1 Msp. Chilipulver und ½ TL Paprikapulver würzen.

03 Die Forellenfilets mit der anderen Hälfte des Schmands und dem Parmesan mithilfe eines Stabmixers fein mixen. Mit Salz und Pfeffer würzen.

04 Die Suppe in tiefen Tellern anrichten. Von der Forellenmousse esslöffelgroße Nocken abstechen und in die Suppe geben. Mit Basilikumblättchen bestreuen und servieren.

# Saiblingfilets mit Kohlrabi

**Für 4 Personen**

- 2 Mangos
- 250 ml Gemüsebrühe
- 400 g Kohlrabi (ca. 3 Knollen)
- 4 Saiblingfilets (à 150 g)
- 200 g Frischkäse

- **1 EL Olivenöl**
- **1 EL Currypaste (Tube)**
- **Saft von 1 Zitrone**
- **Salz, schwarzer Pfeffer**

1 Portion (ca. 470 g): 340 kcal, 36,6 g Eiweiß (45,4 E%), 12,2 g Fett (34,4 E%), 16,3 g Kohlenhydrate (20,2 E%)

01 Backofen auf 120° (Umluft) vorheizen.

02 Die Mangos schälen, vom Kern befreien und das Fruchtfleisch in grobe Würfel schneiden.

03 Das Öl in einer beschichteten Pfanne erhitzen und die Mangowürfel ca. 1–2 Minuten darin anschwitzen. Mit Gemüsebrühe ablöschen, die Currypaste dazugeben und mit etwas Pfeffer würzen. Anschließend alles für weitere 1–2 Minuten leicht köcheln lassen.

04 Die Kohlrabis schälen und in Stifte hobeln. 1 l Salzwasser in einem Topf zum Kochen bringen und die Kohlrabi darin ca. 1–2 Minuten blanchieren. Das Gemüse anschließend abtropfen lassen und im Topf bei geschlossenem Deckel auf der Herdplatte warm halten.

05 Die Saiblingfilets waschen, trocken tupfen, mit Zitronensaft beträufeln und mit Salz und Pfeffer würzen.

06 Die Fischfilets in die köchelnde Currysauce legen und zugedeckt ca. 4–5 Minuten garen lassen. Anschließend aus dem Sud nehmen und im Ofen (Mitte) mit Alufolie bedeckt warm stellen.

07 Die Kohlrabis in die Currysauce geben, das Ganze mit dem Frischkäse verfeinern und ca. 1–2 Minuten köcheln lassen.

08 Zum Servieren das Kohlrabigemüse zusammen mit der Mango-Curry-Sauce in tiefe Teller geben, den Fisch aus dem Ofen nehmen und auf dem Gemüse platzieren.

# Kalte Paprikasuppe mit Aalrösti

**Für 4 Personen**

- 6 gelbe Paprikaschoten
- 400 g Schmand
- 200 g geräucherter Aal (küchenfertig)
- 1 Ei (Größe L)
- 50 g Parmesan (gerieben)

- **Saft von 1 Zitrone**
- **2 EL Rapsöl**
- **Salz, Pfeffer, Basilikum, Chilipulver**

1 Portion (ca. 425 g): 475 kcal, 19,2 g Eiweiß (16,3 E%), 35,8 g Fett (69,1 E%), 17,1 g Kohlenhydrate (14,6 E%)

01 Die Paprikaschoten längs halbieren, entkernen, waschen und in grobe Stücke schneiden. Anschließend mit etwa 2 g getrocknetem Basilikum und ⅔ des Schmands in einem Mixer (oder mit einem Stabmixer) fein pürieren. Mit Zitronensaft, 1 Msp. Chilipulver, Salz und Pfeffer würzen.

02 Die Aalfilets in feine Stücke schneiden, mit dem restlichen Schmand, dem Ei und dem Parmesan fein mixen.

03 Das Rapsöl in einer Pfanne erhitzen. Die Aalmousse zu esslöffelgroßen Rösti formen und von beiden Seiten ca. 1–2 Minuten ausbacken.

04 Die Suppe in tiefen Tellern anrichten und die Aalrösti hineingeben.

**TIPP:** Anstelle des Aals können Sie auch Forellenfilets verwenden.

# Fischeintopf

**Für 4 Personen**

- 600 g Steinbeißerfilet
- 2 Fleischtomaten
- 4 Gemüsezwiebeln
- 3 rote Paprikaschoten
- 400 ml Kokosmilch

- 2 EL Rapsöl
- Salz, Pfeffer, Chiliflocken

1 Portion (ca. 485g): 455 kcal, 37,9 g Eiweiß (32,8 E%), 27,2 g Fett (53,4 E%), 15,9 g Kohlenhydrate (13,8 E%)

01 Fischfilets in 3–4 cm große Stücke schneiden. Den Fisch mit Salz und Pfeffer würzen.

02 Die Tomaten waschen und fein würfeln. Zwiebeln schälen und ebenfalls fein würfeln. Die Paprikaschoten halbieren, entkernen, waschen und in 2 cm große Stücke schneiden.

03 Das Öl in einem Topf erhitzen. Zwiebeln und Paprika darin ca. 1–2 Minuten dünsten. Chiliflocken und Tomaten zugeben. Mit der Kokosmilch und zusätzlichen 200 ml Wasser auffüllen. Halb zugedeckt 4–5 Minuten bei milder Hitze kochen lassen. Mit Salz und Pfeffer würzen.

04 Dann die Fischstücke zugeben und 4–5 Minuten bei milder Hitze im Eintopf gar ziehen lassen.

**TIPP:** Eine preislich etwas günstigere Variante zum Steinbeißerfilet ist Seelachsfilet.

# Schinken-Thunfisch-Röllchen

**Für 4 Personen**

- 2 Dosen Thunfisch in eigenem Saft (à 150 g, Abtropfgewicht )
- ½ Bund glatte Petersilie
- 200 g Lachsschinken
- 1 Salatgurke
- 4 EL Frischkäse (20 % Fett)

- Salz, frisch gemahlener Pfeffer

1 Portion (ca. 270 g): 165 kcal, 28,8 g Eiweiß (72,4 E%), 3,4 g Fett (19,6 E%), 3,2 g Kohlenhydrate (8 E%)

01 Den Thunfisch aus der Dose nehmen, abgießen und mit einer Gabel zerpflücken. Die Petersilie waschen, trocken schütteln und fein hacken. Zum Thunfisch geben und alles mit Salz und Pfeffer abschmecken.

02 Den Lachsschinken auf einer glatten Fläche auslegen. Den Thunfisch darauf verteilen.

03 Die Gurke schälen und in ca. 5 cm lange Stifte schneiden. Diese dann auf dem Thunfisch verteilen und die Schinkenscheiben anschließend einrollen.

04 Zum Servieren die Schinkenröllchen zusammen mit jeweils 1 EL Frischkäse auf Tellern anrichten.

**TIPP:** Anstelle von Lachsschinken können Sie auch gekochten Schinken verwenden.

# Pestohähnchen

**Für 4 Personen**

- 4 Hähnchenbrustfilets (à 150 g)
- 2 große Kugeln Mozzarella (à 125 g)
- 2 grüne Paprikaschoten
- 2 Fleischtomaten
- 4 EL Tomatenpesto

- Salz, Pfeffer, Oregano

1 Portion (ca.350 g): 380 kcal, 48 g Eiweiß (50,7 E%), 18,2 g Fett (43,5 E%), 5,5 g Kohlenhydrate (5,8 E%)

01 Backofen auf 180° (Umluft) vorheizen.

02 Die Hähnchenbrustfilets kurz unter kaltem Wasser abwaschen und trocken tupfen. Anschließend waagerecht, längs durchschneiden, um dünne Scheiben zu erhalten.

03 Den Mozzarella in dünne Scheiben schneiden. Die Paprikaschoten halbieren, entkernen, waschen und in feine Würfel schneiden. Die Tomaten waschen, vom Strunk befreien und in dünne Scheiben schneiden.

04 Die Hähnchenbrustscheiben in eine Auflaufform geben und mit Tomatenpesto einpinseln. Anschließend abwechselnd mit Tomatenscheiben, Paprikawürfeln und abschließend mit Mozzarellascheiben belegen. Mit Salz, Pfeffer und Oregano würzen.

05 Das Ganze anschließend im Backofen (Mitte) ca. 8–10 Minuten überbacken.

**TIPP:** Das Pestohähnchen schmeckt auch kalt. Wenn Sie die doppelte Menge zubereiten, können Sie sich am nächsten Tag noch etwas davon mit zur Arbeit nehmen.

# Ofenputenschnitzel

**Für 4 Personen**

- 1 Dose Kidneybohnen (240 g, Abtropfgewicht)
- 2 frische rote Chilischoten
- 8 Strauchtomaten
- 4 Putenschnitzel (á 150 g)
- ½ Bund frische Petersilie

- 2 EL Olivenöl
- Salz, Pfeffer
- 4 Streifen Alufolie

1 Portion (ca. 375 g): 210 kcal, 15 g Eiweiß (30,2 E%), 9,1 g Fett (41,6 E%), 14 g Kohlenhydrate (28,2 E%)

01 Backofen auf 180° (Umluft) vorheizen.

02 Die Bohnen in ein Sieb geben und gut abtropfen lassen. Die Chilischoten waschen, halbieren, entkernen und in feine Würfel schneiden. Die Tomaten ebenfalls waschen, Strunk entfernen und in 1 cm große Würfel schneiden.

03 Die Bohnen mit den Chili- und Tomatenwürfeln in einer großen Schüssel mischen und das Ganze mit Salz und Pfeffer abschmecken.

04 Die Putenschnitzel waschen, trocken tupfen und ebenfalls mit Salz und Pfeffer würzen.

05 Die Alufolienstreifen jeweils mit ½ EL Öl bestreichen und die Bohnenmischung daraufgeben. Anschließend die gewürzten Putenschnitzel darauflegen und das Ganze zu einem Päckchen verschließen.

06 Die Putenschnitzel-Gemüse-Päckchen im Ofen (Mitte) ca. 10–12 Minuten garen.

07 Die Petersilie waschen, trocken schütteln und fein hacken. Vor dem Servieren die Päckchen auf einem Teller anrichten, öffnen und mit Petersilie bestreuen.

**TIPP:** Anstelle der roten Bohnen passen auch Kichererbsen.

# Hähnchenschnitzel mit Mangold

**Für 4 Personen**

- 800 g Mangold
- 2 Knoblauchzehen
- 2 Eiweiß (von Eiern Größe L)
- 50 g Cashewkerne
- 4 Hähnchenbrustfilets (á 150 g)

- 1 EL Rapsöl
- 1 EL Sojasauce
- Salz, Pfeffer, Chiliflocken

1 Portion (ca. 385 g): 300 kcal, 45 g Eiweiß (61,8 E%), 10,1 g Fett (30,7 E%), 5,4 g Kohlenhydrate (7,5 E%)

01 Den Backofen auf rund 200° (Umluft) vorheizen und ein Backblech mit Backpapier vorbereiten.

02 Den Mangold waschen, die Stiele herausschneiden und die Blätter in feine Streifen schneiden. Salzwasser zum Kochen bringen und den Mangold darin ca. 1–2 Minuten kochen. Anschließend mit kaltem Wasser abschrecken.

03 Den Knoblauch schälen und fein würfeln. Das Eiweiß in einem Teller verquirlen. Die Cashewkerne fein hacken.

04 Das Hähnchenfleisch waschen und trocken tupfen. Erst mit einer Seite in das Eiweiß tunken und anschließend mit den gehackten Cashewkernen bestreuen. Diese fest andrücken, damit sie beim Braten nicht abfallen.

05 Das Fleisch mit der Nussseite nach oben auf das vorbereitete Blech legen und für etwa 8–10 Minuten im Backofen backen.

06 In einer heißen Pfanne die Mangoldblätter mit Öl ca. 1–2 Minuten anbraten, dann mit Chiliflocken und Knoblauch vermengen und mit Sojasauce abschmecken.

07 Das Gemüse zusammen mit der Hähnchenbrust auf Tellern anrichten.

# Hähnchenbrust mit Basilikumcreme und Sellerie-Steckrüben-Stroh

**Für 4 Personen**

- 4 Hähnchenbrustfilets (à 150 g)
- 1 Bund frisches Basilikum
- 150 g Crème fraîche
- 2 mittelgroße Knollensellerie (ungeputzt ca. 800 g)
- 200 g Steckrüben

- **2 TL mittelscharfer Senf**
- **6 EL Olivenöl**
- **Salz, Pfeffer**

1 Portion (ca. 400 g): 435 kcal, 39,4 g Eiweiß (36,2 E%), 26,8 g Fett (55,8 E%), 8,7 g Kohlenhydrate (8 E%)

01 Backofen auf 200° (Umluft) vorheizen.

02 Hähnchenbrust waschen, trocken tupfen und mit Salz und Pfeffer würzen. Anschließend in eine feuerfeste Auflaufform legen.

03 Basilikum waschen, trocken schütteln und fein hacken. Anschließend mit Crème fraîche und Senf verrühren, mit Salz und Pfeffer würzen. Die Masse dann über die Hähnchenbrüste geben. Diese im Ofen (Mitte) ca. 9–10 Minuten garen.

04 In der Zwischenzeit den Sellerie und die Steckrüben schälen und in feine Streifen hobeln.

05 Das Öl in einer Pfanne erhitzen und das Gemüse darin ca. 5–6 Minuten goldbraun braten. Anschließend auf einem Küchenpapier abtropfen lassen und mit einer Prise Salz würzen.

06 Die Hähnchenbrust zusammen mit der Basilikumcreme auf einem Teller anrichten und mit dem Sellerie-Steckrüben-Stroh bestreuen.

**TIPP: Anstelle des Selleries können Sie auch weiße Rüben verwenden.**

# Putenpfanne mit Artischocken

**Für 4 Personen**

- 3 rote Zwiebeln
- 3 Stangen Lauch
- 1 Dose Artischockenherzen (240 g, Abtropfgewicht)
- 4 Putenschnitzel (à 150 g)
- 100 g Pfifferlinge

- 4 EL Olivenöl
- 1 EL Currypaste
- Salz, Pfeffer, Paprikapulver

1 Portion (ca. 370 g): 195 kcal, 11,5 g Eiweiß (23,7 E%), 13,9 g Fett (65,1 E%), 5,4 g Kohlenhydrate (11,2 E%)

01 Die Zwiebeln schälen und fein würfeln. Den Lauch putzen, längs halbieren, waschen und in feine Halbmonde schneiden. Die Artischocken in ein Sieb abgießen und vierteln.

02 Putenschnitzel waschen, trocken tupfen und in 1 cm dünne Streifen schneiden. Mit Salz und Pfeffer würzen.

03 Pfifferlinge putzen, mit einem Küchenpapier abreiben und halbieren.

04 2 EL Öl in einer Pfanne erhitzen und darin die Zwiebeln, den Lauch, die Artischocken und die Pfifferlinge ca. 2–3 Minuten scharf anbraten. Mit Currypaste, Salz, Pfeffer und Paprika würzen. Anschließend das Gemüse aus der Pfanne nehmen und beiseitestellen.

05 In derselben Pfanne das restliche Öl erhitzen und die Putenstreifen ca. 2–3 Minuten darin anbraten. Das Gemüse zufügen, unterheben und alles zusammen für weitere 2–3 Minuten braten.

06 Zum Servieren die Putenpfanne in tiefen Tellern anrichten.

# Entenbrust aus dem Wok

**Für 4 Personen**

- 1 Knoblauchzehe
- 200 g Frühlingszwiebeln
- 2 mittelgroße Auberginen (ca. 750 g)
- 500 g Entenbrust
- 1 Dose Bambussprossen (200 g, Abtropfgewicht)

- 4 EL Olivenöl
- Salz, Pfeffer, Currypulver, Paprikapulver

1 Portion (ca.380 g): 370 kcal, 26,5 g Eiweiß (28,4 E%), 26,8 g Fett (65,3 E%), 5,9 g Kohlenhydrate (6,3 E%)

01 Den Knoblauch schälen und fein würfeln. Die Frühlingszwiebeln vom Wurzelwerk befreien, waschen und in kleine Röllchen schneiden. Die beiden Enden der Auberginen abschneiden, die Frucht waschen, längs vierteln und in 1 cm dicke Scheiben schneiden.

02 Die Entenbrust waschen, trocken tupfen und in 1 cm dünne Streifen schneiden. Mit Salz und Pfeffer würzen.

03 2 EL Öl in einem Wok (oder alternativ in einer Pfanne) erhitzen und Knoblauch, Frühlingszwiebeln und Auberginen darin ca. 4–5 Minuten scharf anbraten. Mit Salz, Pfeffer, Paprika und 1 EL Currypulver würzen. Anschließend das Gemüse aus dem Wok nehmen und beiseitestellen.

04 Die Bambussprossen waschen und in einem Sieb abtropfen lassen.

05 Dann im Wok das restliche Öl erhitzen und die Filetstreifen ca. 2–3 Minuten darin anbraten. Das Gemüse und die Bambussprossen dazugeben, alles mischen und weitere 5–6 Minuten fertig braten.

06 Vor dem Servieren die Entenbrust-Wokpfanne nochmals mit grobem Pfeffer würzen.

**TIPP:** Anstelle der Entenbrust können Sie auch Fischfilet wie z. B. Seelachs verwenden.

# Rinderfilet mit Heidelbeeren und Bohnensalat

**Für 4 Personen**

- 600 g grüne Bohnen
- 4 rote Zwiebeln
- 4 Rinderfiletsteaks (à 150 g)
- 2 Zweige Rosmarin
- 100 g Heidelbeeren

- **4 EL Öl**
- **2 EL Rotweinessig**
- **Salz, Pfeffer**

1 Portion (ca. 365 g): 340 kcal, 35,9 g Eiweiß (43,1 E%), 16,6 g Fett (44,1 E%), 10,7 g Kohlenhydrate (12,8 E%)

01 Die Bohnen waschen, halbieren und 5 Minuten in Salzwasser weich kochen. Anschließend mit kaltem Wasser abschrecken. Zwischenzeitlich die Zwiebeln schälen und in feine Ringe schneiden.

02 Die Rinderfilets waschen, trocken tupfen und in feine Streifen schneiden. Die Blättchen der Rosmarinzweige abzupfen.

03 2 EL Öl in einer Pfanne erhitzen und die Filets mit dem Rosmarin dort etwa 4–5 Minuten anbraten. Anschließend herausnehmen und warm stellen.

04 Die Heidelbeeren verlesen und kurz unter fließendem Wasser abwaschen.

05 Den Bratansatz mit 4 EL Wasser verdünnen und die Heidelbeeren beimengen. Das Ganze anschließend ca. 2–3 Minuten köcheln lassen.

06 Für die Bohnen eine Vinaigrette aus Essig, dem restlichen Öl, Salz und Pfeffer herstellen. Diese anschließend mit den Bohnen und den Zwiebeln vermischen.

07 Zum Servieren den Bohnensalat zusammen mit den Rinderfiletstreifen auf Tellern anrichten.

**TIPP:** Preislich etwas günstiger wird das Gericht, wenn Sie Schweinefilet verwenden.

# Gebratenes Curryfilet

**Für 4 Personen**

- 1 Stange Lauch
- 300 g Austernpilze
- 100 g Mungobohnensprossen
- 700 g Schweinefilet
- 100 g Crème fraîche

- 4 EL Olivenöl
- Salz, Pfeffer, Currypulver

1 Portion (ca. 345 g): 355 kcal, 38,7 g Eiweiß (50,4 E%), 14,8 g Fett (43,8 E%), 4,5 g Kohlenhydrate (5,8 E%)

01 Den Lauch vom Wurzelwerk befreien, längs halbieren, waschen und in feine Halbmonde schneiden. Austernpilze waschen, die Enden abschneiden und die Pilze anschließend in kleine Stücke schneiden. Sprossen waschen und trocken schütteln.

02 Das Schweinefilet waschen, trocken tupfen und in 1 cm dicke Streifen schneiden. Mit Salz und Pfeffer würzen.

03 2 EL vom Öl in einer Pfanne erhitzen und Lauch, Austernpilze und Sprossen darin ca. 3–4 Minuten scharf anbraten. Das Ganze mit Salz, Pfeffer und 1 EL Curry würzen. Anschließend das Gemüse aus der Pfanne nehmen und beiseitestellen.

04 In derselben Pfanne das restliche Öl erhitzen und die Filetstreifen ca. 2–3 Minuten darin anbraten. Das Gemüse und Crème fraîche zugeben und untermischen. Das Ganze für weitere 2–3 Minuten fertig braten.

**TIPP:** Die Sprossen lassen sich auch recht einfach zu Hause anbauen. Die Samen dafür gibt es z. B. im Reformhaus. Für den Anbau müssen zunächst die Samenkörner gründlich gewaschen und vom Schmutz befreit werden. Anschließend müssen die Keimlinge einige Stunden – am besten über Nacht – ins Wasser gelegt werden. Am nächsten Morgen gibt man die Keimlinge in ein Keimgefäß. Sie müssen in den nächsten Tagen immer wieder abgewaschen werden. Besonders gut keimen die Mungobohnensprossen, wenn das Keimgefäß an einem warmen, schattigen Ort steht. Bereits nach wenigen Tagen kann geerntet werden.

# Kalbsschnitzel mit Spinat-Lauchzwiebel-Gemüse

**Für 4 Personen**

- 2 Bio-Zitronen
- 4 Bund Lauchzwiebeln
- 600 g Blattspinat
- 4 Kalbsschnitzel (à 150 g)
- 100 g Blauschimmelkäse

- 2 EL Olivenöl
- Salz, Pfeffer, Muskat

1 Portion (ca. 430 g): 345 kcal, 43,7 g Eiweiß (52,2 E%), 15,8 g Fett (41,8 E%), 5 g Kohlenhydrate (6 E%)

01 Die Zitronen heiß abspülen und anschließend mit einem Tuch trocken reiben. Die Schale mit einer Reibe fein abreiben und die Zitronen anschließend entsaften.

02 Die Lauchzwiebeln putzen, waschen und in schmale Ringe schneiden. Den Spinat verlesen, waschen und die groben Stiele entfernen.

03 Die Schnitzel waschen und mit Küchenkrepp trocken tupfen. Anschließend pro Schnitzel in 2–3 kleinere Stücke schneiden.

04 Die Hälfte des Öls in einer Pfanne erhitzen und das Fleisch rund 3 Minuten darin anbraten.

05 Das restliche Öl in einem Topf erhitzen und 2 EL Zitronensaft, den Zitronenabrieb und etwa 2 EL Wasser zugeben. Lauchzwiebeln und Spinat hinzufügen und alles weich dünsten.

06 Zwischenzeitlich den Blauschimmelkäse etwas zerbröseln. Diesen dann mit in den Topf geben und das Ganze mit Salz, Pfeffer und Muskat abschmecken.

07 Zum Servieren die Kalbsschnitzel zusammen mit dem Spinat-Lauchzwiebel-Gemüse auf Tellern anrichten.

# Minutensteaks mit Kapern und Anchovis

**Für 4 Personen**

- 12 Minutensteaks (à 50 g)
- 3 Zwiebeln
- 50 g Kapern
- 8 Anchovis
- 1 Dosen stückige Tomaten (à 425 ml)

- 3 EL Olivenöl
- Salz, Pfeffer

1 Portion (ca. 325 g): 260 kcal, 36,7 g Eiweiß (56,7 E%), 10,9 g Fett (37,2 E%), 3,9 g Kohlenhydrate (6,1 E%)

01 Die Steaks waschen und trocken tupfen.

02 2 EL Öl in einer großen Pfanne erhitzen und die Steaks darin rund 1–2 Minuten von jeder Seite bei starker Hitze anbraten. Steaks noch in der Pfanne salzen und anschließend beiseitestellen.

03 Die Zwiebeln schälen und fein würfeln. Die Kapern abtropfen lassen. Die Anchovis fein würfeln. Das restliche Öl in einer Pfanne erhitzen und die Zwiebeln darin ca. 1–2 Minuten glasig dünsten. Anschließend mit den Tomatenstücken ablöschen.

04 ¾ der Kapern sowie die Anchovis ebenfalls in die Pfanne geben und ca. 2–3 Minuten mitkochen. Anschließend das Fleisch zugeben und alles weitere 1–2 Minuten fertig garen.

05 Die Steaks auf Tellern anrichten und mit den restlichen Kapern sowie der Sauce garnieren.

# Schnelle Gulaschsuppe

**Für 4 Personen**

- 6 rote Zwiebeln
- 2 gelbe Paprikaschoten
- 250 g Rinderhackfleisch
- 2 EL Tomatenmark
- 500 ml Fleischbrühe

- **2 EL Rapsöl**
- **Salz, Pfeffer, Paprikapulver, getrockneter Thymian**

1 Portion (ca. 33 g): 225 kcal, 15,2 g Eiweiß (27,3 E%), 14,4 g Fett (57,6 E%), 8,4 g Kohlenhydrate (15,1 E%)

01 Zwiebeln schälen und fein würfeln, die Paprikaschoten halbieren, entkernen, waschen und ebenfalls fein würfeln.

02 Das Öl in einem Topf erhitzen und darin das Hackfleisch ca. 3–4 Minuten anbraten. Die Zwiebeln zufügen und mitbraten, bis sie glasig sind. Dann die Paprikastücke dazugeben und ca. 3–4 Minuten mitbraten.

03 Das Tomatenmark in den Topf geben und das Ganze mit Fleischbrühe ablöschen. Mit Salz, Pfeffer und mit jeweils 1 EL getrocknetem Thymian und Paprikapulver würzen.

04 Deckel auf den Topf legen und bei kleiner Flamme alles ca. 5–6 Minuten schmoren.

**TIPP:** Anstelle von Rinderhackfleisch können Sie auch eine klein gewürfelte Hähnchenbrust verwenden.

# Gefüllte Egerlinge auf Feldsalat

**Für 4 Personen**

- 200 g frischer Spinat
- 16 große Egerlinge (braune Champignons)
- 150 g Schmand
- 200 g Bratwurstmasse
- 300 g Feldsalat

- 4 EL Olivenöl
- 2 EL heller Balsamicoessig
- Salz, Pfeffer, Muskat

1 Portion (ca. 315 g): 355 kcal, 17,6 g Eiweiß (19,8 E%), 29,6 g Fett (75,7 E%), 4 g Kohlenhydrate (4,5 E%)

01 Backofen auf 180° (Umluft) vorheizen.

02 Den Spinat waschen, abtropfen lassen und entstielen. Die Egerlinge kurz unter fließendem Wasser abbrausen, entstielen und die Stiele fein hacken. Die Pilzköpfe beiseitelegen.

03 2 EL Öl in einer Pfanne erhitzen und den Spinat mit den gehackten Egerlingstielen ca. 2–3 Minuten anbraten. Anschließend beiseitestellen.

04 Die Hälfte des Schmands mit der Bratwurstmasse und der Spinatmischung vermengen und vorsichtig mit Salz, Pfeffer und Muskat nachwürzen.

05 Die Pilzköpfe mit der Masse befüllen und anschließend mit dem restlichen Schmand bedecken. Die gefüllten Egerlinge dann in eine Auflaufform setzen und im Ofen (Mitte) ca. 5–6 Minuten backen.

06 In der Zwischenzeit den Feldsalat waschen, in feine Streifen schneiden und mit dem restlichen Öl, Essig, Salz und Pfeffer anmachen.

07 Die Egerlinge auf dem Feldsalat anrichten und servieren.

# Tomatenschnitzel

**Für 4 Personen**

- 4 große Tomaten
- 250 g Mozzarella
- 4 Schweineschnitzel (à 150 g)
- 2 EL rotes Pesto
- ½ Bund frisches Basilikum

- **2 EL Olivenöl**
- **Salz, frisch gemahlener Pfeffer**

1 Portion (ca. 300 g): 400 kcal, 45,2 g Eiweiß (44,7 E%), 23 g Fett (51,7 E%), 3,6 g Kohlenhydrate (3,6 E%)

01 Die Tomaten waschen und nach Entfernen des Stielansatzes in Scheiben schneiden. Den Mozzarella aus der Salzlake nehmen, kurz abwaschen und ebenfalls in Scheiben schneiden.

02 Die Schweineschnitzel waschen, trocken tupfen und vorsichtig klopfen.

03 In einer heißen Pfanne mit dem Olivenöl die Schnitzel von beiden Seiten jeweils 1–2 Minuten anbraten.

04 Anschließend das Pesto auf die Oberseite der Schnitzel streichen und dann die Tomaten- und Mozzarellascheiben darauflegen.

05 Die Pfanne mit einem Deckel schließen und das Ganze so lange weiterbraten, bis der Mozzarella schmilzt.

06 Zusammen mit Basilikumblättern auf Tellern anrichten.

# Rote-Bete-Omelett mit Speck

**Für 4 Personen**

- 8 Eier (Größe L)
- 8 Streifen Speck (ca. 80 g)
- 400 g vorgegarte Rote Bete
- 80 g Gouda
- 2 Bund Rucola

- 10 g Butter
- Salz, Pfeffer

1 Portion (ca. 340 g): 445 kcal, 24,4 g Eiweiß (22,1 E%), 33,7 g Fett (67,6 E%), 11,3 g Kohlenhydrate (10,3 E%)

01 Die Eier aufschlagen und in einer Schüssel mit einer Gabel oder einem Schneebesen verquirlen. Mit Salz und Pfeffer würzen.

02 Den Speck in einer Pfanne erhitzen und von beiden Seiten ca. 2–3 Minuten anbraten. Danach aus der Pfanne nehmen und auf ein Küchenpapier legen.

03 Die Roten Beten fein würfeln. Den Gouda fein reiben. Den Rucola verlesen, waschen und trocken schütteln.

04 Jeweils ½ TL Butter in der Pfanne erhitzen, ein Viertel vom verquirlten Ei dazugeben und kurz stocken lassen. Dann die Hitze auf mittlere Stufe reduzieren. Sobald das Ei gestockt ist, mit jeweils einem Viertel der Rote-Bete-Würfel, dem Gouda und dem Rucola belegen. Danach das Omelett in der Hälfte zusammenklappen. Dafür verwenden Sie am besten zwei Heber.

05 Auf diese Weise drei weitere Omeletts zubereiten. Diese anschließend zum Servieren auf Tellern anrichten und mit den Speckstreifen belegen.

**TIPP:** Anstelle des Rucola können Sie auch frischen jungen Blattspinat verwenden.

# Zucchininudeln mit Schinken und Käse

**Für 4 Personen**

- 1 rote Paprikaschote
- 1 rote Zwiebel
- 200 g gekochter Schinken
- 4 Zucchini (ca. 800 g)
- 150 g Emmentaler

- 2 EL Rapsöl
- Salz, Pfeffer, frischer Muskat

1 Portion (ca. 310 g): 310 kcal, 24 g Eiweiß (31,2 E%), 20,4 g Fett (58,8 E%), 7,7 g Kohlenhydrate (10 E%)

01 Die Paprikaschote halbieren, entkernen, waschen und fein würfeln. Die Zwiebel schälen und ebenfalls in Würfel schneiden. Den gekochten Schinken klein schneiden oder klein zupfen.

02 In einer großen Pfanne das Rapsöl erhitzen und darin Zwiebeln und Schinken ca. 2–3 Minuten anbraten.

03 In Zwischenzeit die Zucchini waschen, die Enden abschneiden und mit einem Sparschäler oder einem Spiralschneider die Zucchini in Nudelform bringen. Diese anschließend zur Schinken-Zwiebel-Mischung geben und 2–3 Minuten mitbraten. Mit Salz, Pfeffer und Muskat würzen.

04 Den Emmentaler in feine Streifen schneiden. Zum Servieren die Zucchininudeln in tiefen Tellern anrichten und mit den Käsestreifen servieren.

**TIPP:** Für eine vegetarische Variante kann anstelle des Schinkens Bärlauchtofu verwendet werden.

# Melonen im Ziegenkäse-Speck-Mantel

**Für 4 Personen**

- 800 g Wassermelone
- 150 g Ziegenkäse (mild)
- 1 Bund frischer Rosmarin
- 200 g Schinkenspeck (8 Scheiben)
- 2 Bund Frühlingszwiebeln

- 2 EL Olivenöl

1 Portion (ca. 245 g): 315 kcal, 19,4 g Eiweiß (24,5 E%), 20,4 g Fett (58,6 E%), 13,3 g Kohlenhydrate (16,9 E%)

01 Backofen auf 180° (Umluft) vorheizen.

02 Melone schälen und in 8 gleich große Stücke (ca. 4–5 cm) schneiden. Die Kerne mit einem Teelöffel entfernen und eine kleine Ausbuchtung im Melonenstück erzeugen.

03 Den Ziegenkäse ebenfalls in 8 Stücke teilen. Den Rosmarin waschen und in 8 Zweige teilen. Den Ziegenkäse in die Ausbuchtung des Melonenstückes geben. Anschließend jedes Melonenstück mit 1 Scheibe Schinkenspeck umwickeln und mit 1 Zweig Rosmarin feststecken.

04 Die Frühlingszwiebeln putzen und waschen.

05 Die Melonenstücke zusammen mit den Frühlingszwiebeln auf ein Backblech setzen, mit dem Öl beträufeln und im Ofen (Mitte) ca. 5–6 Minuten backen.

**TIPP:** Die Melonen im Speckmantel können Sie sowohl heiß als auch kalt servieren und genießen.

# Paprika-Pilz-Pfanne mit Ei

**Für 4 Personen**

- 3 gelbe Paprikaschoten
- 300 g Kräuterseitlinge
- 1 mittelgroße Zucchini
- 150 g gekochter Schinken
- 4 Eier (Größe L)

- 2 EL Rapsöl
- Salz, Pfeffer, edelsüßes Paprikapulver

1 Portion (ca. 340 g): 260 kcal, 20,3 g Eiweiß (32,1 E%), 14,6 g Fett (51,1 E%), 10,6 g Kohlenhydrate (16,8 E%)

01 Die Paprikaschoten halbieren, entkernen, waschen und in feine Streifen schneiden. Pilze und Zucchini putzen, längs halbieren und anschließend quer in ca. ½ cm breite Stücke schneiden. Den Schinken fein würfeln.

02 Das Öl in einer beschichteten Pfanne erhitzen. Schinken darin bei mittlerer Hitze 1–2 Minuten anbraten. Die Paprikastreifen zugeben und bei starker Hitze 2–3 Minuten braten, bis sie leicht Farbe annehmen. Zucchini und Pilze zugeben und weitere 2–3 Minuten mitbraten. Mit Salz, Pfeffer und Paprika würzen.

03 In der Pfanne mit dem Gemüse vier Mulden bilden, die Eier aufschlagen und in die Vertiefungen gleiten lassen. Bei mittlerer Hitze 3–4 Minuten stocken lassen.

04 Das Gericht in der Pfanne servieren.

**TIPP:** Wenn Kräuterseitlinge gerade keine Saison haben, können auch getrocknete Pilze verwendet werden. Die entsprechende Menge für dieses Rezept wären dann 30 g.

# Gebackene Selleriepuffer

**Für 4 Personen**

- 2 Knoblauchzehen
- 150 g Bergkäse
- 650 g Sellerie
- 4 Eier (Größe M)
- 60 g Haselnüsse (gemahlen)

- 3 EL Rapsöl
- Salz, Pfeffer, Paprikapulver, Oregano

1 Portion (ca. 240 g): 305 kcal, 18,9 g Eiweiß (24,8 E%), 23,8 g Fett (69,5 E%), 4,3 g Kohlenhydrate (5,7 E%)

01 Den Knoblauch schälen und in feine Würfel schneiden. Den Bergkäse reiben. Die Sellerieknolle schälen und anschließend fein raspeln.

02 Knoblauch, Käse, Sellerie, Eier und Haselnüsse in einer Schüssel vermengen und mit Salz, Pfeffer, ½ TL Oregano und Paprikapulver würzen.

03 In einer großen Pfanne das Rapsöl erhitzen und darin die Puffer ca. 2–3 Minuten von jeder Seite goldbraun ausbacken.

04 Die Selleriepuffer anschließend auf Tellern anrichten und servieren.

**TIPP:** Wer die Puffer nicht pur essen mag, kann sie mit einem Dip und/oder einem kleinen Beilagensalat kombinieren.

# Blauschimmelkäse-Salat-Gratin

**Für 4 Personen**

- 100 g Weintrauben (kernlos, dunkel)
- 200 g Blauschimmelkäse
- 4 Köpfe Salatherzen
- 4 Eiklar (von Eiern Größe M)

- 1 EL Rapsöl
- 50 g Mandelblättchen

1 Portion (ca. 220 g): 320 kcal, 18,5 g Eiweiß (23,5 E%), 24,3 g Fett (68,5 E%), 6,3 g Kohlenhydrate (8 E%)

01 Backofen auf 180° (Umluft) vorheizen.

02 Die Weintrauben von der Rispe befreien, waschen und halbieren. Den Blauschimmelkäse in 8 gleich große Scheiben schneiden. Den Strunk der Salatherzen entfernen, diese dann im Ganzen waschen und längs halbieren.

03 Eine Auflaufform mit Rapsöl ausstreichen und die halbierten Salatherzen mit der Schnittfläche nach oben hineinlegen. Anschließend mit den Käsescheiben belegen.

04 Das Eiklar mit einem Handrührgerät zu Eischnee schlagen.

05 Die Weintrauben auf dem Käse verteilen und mit dem Eischnee bedecken. Das Ganze im Ofen (Mitte) ca. 4–5 Minuten überbacken.

06 In der Zwischenzeit die Mandelblättchen in einer Pfanne ohne Fett ca. 1–2 Minuten anrösten.

07 Den überbackenen Salat auf Tellern anrichten, mit den Mandelblättchen bestreuen und servieren.

**TIPP:** Das verbleibende Eigelb können Sie zugedeckt im Kühlschrank lagern und für ihr Frühstücksrührei am Folgetag verwenden.

# Champignons auf Rotkohlsalat

**Für 4 Personen**

- 300 g frischer Mangold
- 16 große Champignons
- 200 g Hüttenkäse
- 2 Eier (Größe L)
- 1 Kopf Rotkohl

- 4 EL Olivenöl
- heller Balsamicoessig
- Salz, Pfeffer, Muskat, Kümmel

1 Portion (ca.440 g): 255 kcal, 17,7 g Eiweiß (28,4 E%), 15,9 g Fett (56,5 E%), 9,4 g Kohlenhydrate (15,1 E%)

01 Backofen auf 180° (Umluft) vorheizen.

02 Den Mangold waschen, abtropfen lassen und entstielen. Die Champignons kurz unter fließendem Wasser abbrausen, entstielen und die Stiele fein hacken. Die Champignonköpfe beiseitelegen.

03 2 EL Öl in einer Pfanne erhitzen und den Mangold mit den gehackten Champignonstielen ca. 2–3 Minuten anbraten. Anschließend beiseitestellen.

04 Die Hälfte des Hüttenkäses zusammen mit den Eiern unter die Mangoldmischung mengen und das Ganze mit Salz, Pfeffer und Muskat abschmecken.

05 Die Champignonköpfe mit der Masse füllen und anschließend mit dem restlichen Hüttenkäse bestreuen. Dann die gefüllten Champignons in eine Auflaufform setzen und im Ofen (Mitte) ca. 6–7 Minuten backen.

06 In der Zwischenzeit den Rotkohl waschen, vom Strunk befreien und in feine Streifen schneiden oder hobeln. Diese mit Salz, Pfeffer, Kümmel, Balsamico und dem restlichen Öl marinieren.

07 Die Champignons auf dem Rotkohlsalat anrichten und servieren.

# Petersilienwurzeltortilla

**Für 4 Personen**

- 3 rote Paprikaschoten
- 500 g Petersilienwurzeln
- 6 Eier (Größe M)
- 400 g Kirschtomaten
- 1 Glas Anchovis

- 5 EL Olivenöl
- Salz, Pfeffer

1 Portion (ca. 440 g): 390 kcal, 18,8 g Eiweiß (19,5 E%), 26,9 g Fett (62 E%), 17,8 g Kohlenhydrate (18,5 E%)

01 Backofen auf 180° (Umluft) vorheizen.

02 Die Paprikaschoten längs halbieren, entkernen, waschen und fein würfeln.

03 Petersilienwurzeln schälen und in ca. 1 cm große Würfel schneiden.

04 2 EL Olivenöl in einer ofenfesten beschichteten Pfanne (24 cm Ø) erhitzen, Die Petersilienwurzeln darin ca. 4–5 Minuten bei mittlerer Hitze anbraten. Nach 2 Minuten den Paprika zugeben. Mit Salz und Pfeffer würzen. Dann die Gemüsemischung aus der Pfanne nehmen.

05 Die Eier aufschlagen und in einer großen Schüssel mit einem Schneebesen verquirlen und mit etwas Salz und Pfeffer würzen. Die Gemüsemischung zu den Eiern geben und alles miteinander vermengen. 2 EL Öl in der Pfanne erhitzen, die Gemüse-Ei-Mischung hineingeben. Im vorgeheizten Backofen (Mitte) ca. 7–8 Minuten stocken lassen.

06 In der Zwischenzeit die Tomaten waschen und vierteln. Mit Salz und etwas Pfeffer würzen und mit dem restlichen Olivenöl beträufeln. Die Anchovis in einem Sieb kurz abtropfen lassen und in ein Schälchen geben.

07 Tortilla aus dem Backofen nehmen und in Stücke schneiden. Mit Anchovis und Tomatensalat servieren.

# Bohnenbuletten

**Für 4 Personen**

- 1 Dose Kidneybohnen, (240 g, Abtropfgewicht)
- 100 g italienischer Hartkäse (z. B. Grana Padano)
- 2 Eier (Größe L)
- 2 Salatgurken
- 125 g Vollmilchjoghurt

- 5 EL Olivenöl
- 2 EL Weißweinessig
- Salz, Pfeffer, Muskat

1 Portion (ca. 355 g): 375 kcal, 19,6 g Eiweiß (21,4 E%), 25,1 g Fett (62,4 E%), 14,8 g Kohlenhydrate (16,2 E%)

01 Die Bohnen in ein Sieb gießen, kalt abspülen, gut abtropfen lassen und fein hacken. Den Käse fein reiben. Bohnen, Käse und Eier gut mischen und mit Muskat, Salz und Pfeffer würzen. Die Masse zu 8 Buletten formen.

02 Gurken waschen und in feine Scheiben hobeln. Anschließend mit Joghurt, 2 EL Olivenöl, Essig, Salz und Pfeffer anmachen.

03 Die Buletten in einer beschichteten Pfanne im restlichen Olivenöl bei mittlerer Hitze auf jeder Seite etwa 3–4 Minuten goldbraun braten.

04 Anschließend auf einem Küchenpapier abtropfen lassen und zusammen mit dem Gurkensalat auf Tellern anrichten.

## Gesunde Ernährung rund um die LOGI-Methode und LOGI-Low-Carb

**Glücklich und schlank.**
Mit viel Eiweiß und dem richtigen Fett. Das komplette LOGI-Basiswissen. Mit umfangreichem Rezeptteil.
Dr. Nicolai Worm
978-3-942772-96-9 **19,99 €**

**Das große LOGI-Kochbuch.**
120 raffinierte Rezepte zur Ernährungsrevolution von Dr. Nicolai Worm. Mit exklusiven LOGI-Kompositionen der Spitzenköche Alfons Schubeck, Vincent Klink, Ralf Zacherl, Christian Henze und Andreas Gerlach.
Franca Mangiameli
978-3-942772-79-2 **19,99 €**

**Das neue große LOGI-Kochbuch.**
120 neue Rezepte – auch für Desserts, Backwaren und vegetarische Küche. Jede Menge LOGI-Tricks und die klügsten Alternativen zu Pizza, Pommes und Pasta.
Franca Mangiameli | Heike Lemberger
978-3-942772-88-4 **19,99 €**

**Abnehmen lernen. In nur zehn Wochen!**
Das intelligente LOGI-Power-Programm zur dauerhaften Gewichtsreduktion. Mit diesem Tagebuch werden Sie Ihr eigener LOGI-Coach!
Heike Lemberger
Franca Mangiameli
978-3-942772-59-4 **15,99 €** ~~18,99 €~~

**Das große LOGI-Back- und Dessertbuch.**
Über 100 raffinierte Dessertrezepte, die Sie niemals für möglich gehalten hätten. So macht Leben nach LOGI noch mehr Spaß! Mit ausführlichem Stevia-Extrakapitel.
Franca Mangiameli | Heike Lemberger
978-3-927372-66-5 **19,95 €**

**Das große LOGI-Grillbuch.**
120 heiß geliebte Grillrezepte rund um Gemüse, Fisch und Fleisch. Ein Fest für LOGI-Freunde.
Heike Lemberger
Franca Mangiameli
978-3-942772-12-9 **15,99 €** ~~18,09 €~~

**Das große LOGI-Fischkochbuch.**
Köstliche Gerichte mit Fisch und Meeresfrüchten aus heimischen Gewässern und aus aller Welt.
S. Thiel | A. Fischer
978-3-942772-07-5 **15,99 €** ~~19,99 €~~

**Vegetarisch kochen mit der LOGI-Methode.**
LOGI ohne Fisch und Fleisch? Na klar! 80 innovative und kreative LOGI-Veggie-Rezepte. Wenige Kohlenhydrate – glutenfrei! Mit vielen veganen Rezeptalternativen.
Susanne Thiel | Dr. Nicolai Worm
978-3-942772-89-1 **19,99 €**

**Das große LOGI-Fanbuch.**
Erfolgsgeschichten, Rezepte, Tipps und Tricks von Fans für Fans der LOGI-Methode.
978-3-95814-079-0 **19,99 €**

**Leicht abnehmen! Geheimrezept Eiweiß.**
Gewicht verlieren mit Eiweiß und Formula-Mahlzeiten. Und dann: gesund und schlank auf Dauer mit LOGI.
Dr. Hardy Walle | Dr. Nicolai Worm
978-3-95814-009-7 **19,99 €**

**Leicht abnehmen! Das Rezeptbuch.**
Gewicht verlieren mit Eiweiß und Formula-Mahlzeiten. Und für danach: 70 einfache und abwechslungsreiche LOGI-Rezepte.
Dr. Hardy Walle
978-3-927372-40-5 **12,95 €**

**LOGI. Das Buch.**
Das Beste aus 15 Jahren LOGI. 300 Rezepte, Theorie und Tipps.
978-3-95814-026-4 **30,00 €**

**Eiweiß-Guide.**
Tabellen mit über 500 Lebensmitteln bewertet nach ihrem Eiweißgehalt und ausgewählten Aminosäuren.
Franca Mangiameli | Heike Lemberger
Dr. Nicolai Worm
978-3-942772-64-8 **9,99 €**

**Fett Guide.**
Wie viel Fett ist gesund? Welches Fett wofür? Tabellen mit über 500 Lebensmitteln, bewertet nach ihrem Fettgehalt und ihrer Fettqualität.
Heike Lemberger | Ulrike Gonder
Dr. Nicolai Worm
978-3-942772-09-9 **7,49 €** ~~9,99 €~~

**LOGI-Guide.**
Tabellen mit über 500 Lebensmitteln, bewertet nach ihrem glykämischen Index und ihrer glykämischen Last.
Franca Mangiameli
Dr. Nicolai Worm | Andra Knauer
978-3-942772-02-0 **6,99 €**

**Die LOGI-Kochkarten.**
Die besten LOGI-Rezepte. Einfallsreich, einfach, preiswert.
978-3-942772-54-9 **12,99 €**

**Das große LOGI-Familienkochbuch.**
Die LOGI-Ernährungsmethode für die ganze Familie in Theorie und Praxis. Mit 100 tollen Rezepten, die auch Kindern schmecken.
Marianne Botta | Dr. Nicolai Worm
978-3-95814-016-5 **19,99 €**

**Der LOGI-Muskel-Coach.**
Die ultimative Sporternährung für Muskelaufbau und Ausdauertraining.
Dr. Torsten Albers | Dr. Nicolai Worm
Kirsten Segler
978-3-942772-13-6 **19,99 €**

**Mehr vom Sport! Low-Carb und LOGI in der Sporternährung.**
Unter Mitwirkung zahlreicher Spitzensportler: Boxweltmeister Felix Sturm, Schwimmprofi Mark Warnecke, Leichtathlet Danny Ecker und viele mehr.
Clifford Opoku-Afari | Dr. Nicolai Worm
Heike Lemberger
978-3-927372-41-2 **19,95 €**

**LOGI und Low Carb in der Sporternährung.**
Glykämischer Index und glykämische Last – Einfluss auf Gesundheit und körperliche Leistungsfähigkeit.
Jan Prinzhausen
978-3-927372-30-6 **24,90 €**

**Bauch, Beine, Po – das LOGI-Workout für Frauen.** (DVD)
Inklusive ausführlichem Booklet.
M. Maier | Dr. N. Worm
978-3-927372-98-6 **8,99 €** ~~14,95 €~~

**#POWERFÜRDICH.** (DVD)
Trainiert, schlank & sexy. Das 12-Wochen-Programm von Promi-Trainer Cliff.
Clifford Opoku-Afari
978-3-95814-010-3 **14,99 €**

**LOGI im Alltag, in der Praxis und in der Klinik.**
Andra Knauer
978-3-942772-31-0 **6,99 €** ~~8,99 €~~

**Die LOGI-Jubiläumsbox.**
10 erfolgreiche, glückliche und schlanke Jahre mit der LOGI-Methode. Enthält DIE drei Standardwerke rund um die LOGI-Methode zum Jubiläumspreis.
- Glücklich und schlank.
- Das große LOGI-Kochbuch.
- Das neue große LOGI-Kochbuch.

Dr. Nicolai Worm | Franca Mangiameli
Heike Lemberger
978-3-927372-68-9 **50,00 €**
(erhältlich solange der Vorrat reicht)

**Noch mehr LOGI.**
Die LOGI-Fisch-, -Back- und -Grillbox. Über 400 raffinierte Rezepte. Die Box beinhaltet:
- das große LOGI-Fischkochbuch
- das große LOGI-Grillbuch,
- das große LOGI-Back- und -Dessertbuch

Heike Lemberger | Franca Mangiameli
Susanne Thiel | Anna Fischer
978-3-942772-48-8 **45,00 €**
(erhältlich solange der Vorrat reicht)

**LOGI durch den Tag.**
Kombinieren Sie Ihren LOGI-Abnehmplan aus 50 Frühstücken, 50 Mittagessen und 50 Abendessen. Maximale Sättigung mit weniger als 1.600 Kalorien und 80 Gramm Kohlenhydraten pro Tag!
Franca Mangiameli
978-3-95814-007-3 **24,99 €**

**Das LOGI-Menü.**
Logisch kombiniert: 50 Vorspeisen, 50 Hauptgerichte, 50 Desserts.
Franca Mangiameli
978-3-95814-006-6 **24,99 €**

**Die LOGI-Akademie.**
LOGI lehren – LOGI verstehen. Ein Leitfaden zur Patientenschulung und zum Selbststudium.
Franca Mangiameli
978-3-927372-59-7 **34,99 €** ~~48,00 €~~

**HappyCarb: Meine liebsten Low-Carb-Rezepte.**
HappyCarb-Bloggerin Bettina Meiselbach verrät uns ihre 150 »Erfolgsrezepte« für mehr Gesundheit und Genuss.
Bettina Meiselbach
978-3-95814-075-2 **19,99 €**

**HappyCarb: Diabetes Typ 2 – nicht mit mir!**
Erfolgsbloggerin Bettina Meiselbach verrät ihr persönliches Low-Carb-Geheimnis gegen den Diabetes. Mit 30 inspirierenden Rezeptideen.
Bettina Meiselbach
978-3-95814-062-2 **19,99 €**

**Die Low-Carb-Alltagsküche.**
110 Koch- und Backrezepte, die JEDER kann.
Beate Strecker
978-3-95814-034-9 **19,99 €**

**Das Fastenbuch.**
Die besten Fastenkuren für jeden Typ.
Anna Cavelius
978-3-927372-85-6 **19,99 €**

**Vegan Detoxfasten.**
Das 7-Tage-Programm zur Regulation des Säure-Basen-Haushaltes.
Anna Cavelius
978-3-942772-97-6 **8,99 €**

**Endlich schlank ohne Diät.**
Erfolgreich abnehmen ohne Jo-Jo-Effekt und Kalorienzählen – nach dem LOGI-Erfolgsprinzip von Dr. Nicolai Worm.
Anna Cavelius
978-3-942772-10-5 **7,49 €** ~~9,99 €~~

## systemed Küchenratgeber

**Low-Carb – Low-Budget.**
Kohlenhydratbilanzierte Küche für den kleinen Geldbeutel.
Wolfgang Link | Dr. med. Jürgen Voll
978-3-942772-65-5 **8,99 €**

**Low-Carb unterwegs.**
40 Rezepte für die Reise und zum Mitnehmen.
Franca Mangiameli | Heike Lemberger
978-3-942772-66-2 **8,99 €**

**Low-Carb vegan.**
40 Rezepte ohne tierische Lebensmittel.
Franca Mangiameli | Heike Lemberger
978-3-942772-68-6 **8,99 €**

**Low-Carb in 15 Minuten.**
40 »leichte« Schnellrezepte zum Genießen.
Wolfgang Link
978-3-942772-75-4 **8,99 €**

**Low-Carb-Powerwoche.**
In 7 Tagen Vitalität gewinnen und Gewicht verlieren.
Wolfgang Link | Dr. med. Jürgen Voll
978-3-942772-87-7 **8,99 €**

**Low-Carb in der Schwangerschaft.**
Gesundheit mit wenig Kohlenhydraten für Mutter und Baby.
Annett Schmittendorf
978-3-942772-72-3 **8,99 €**

NEU

**Low-Carb-Feierabendküche.**
5 Zutaten – 15 Minuten – 40 Rezepte.
Wolfgang Link
978-3-95814-059-2 **8,99 €**

NEU

**Low-Carb-Nudelküche.**
40 köstliche echte Pastarezepte mit wenig Kohlenhydraten.
Wolfgang Link
978-3-95814-047-9 **8,99 €**

**Low-Carb für Sportler.**
30 kohlenhydratreduzierte Gerichte für den Sportler.
Wolfgang Link | Dr. med. Jürgen Voll
978-3-942772-91-4 **8,99 €**

**Low-Carb-Desserts.**
40 Desserts mit wenig Kohlenhydraten.
Wolfgang Link
978-3-942772-95-2 **8,99 €**

**Low-Carb-Pfannengerichte.**
40 Rezepte für die schnelle Pfanne mit wenig Kohlenhydraten.
Wolfgang Link
978-3-942772-93-8 **8,99 €**

**Low-Carb bei Nahrungsmittelunverträglichkeit.**
30 Rezepte bei Laktoseintoleranz/Fruktoseintoleranz/Zöliakie.
W. Link | Dr. med. J. Voll **4,99 €**
978-3-942772-74-7 ~~7,99 €~~

**Low-Carb für den Hund.**
Artgerechte Hundeernährung mit wenig Kohlenhydraten – Wissen, Tipps und Rezepte.
Ursula Bien
978-3-95814-011-0 **8,99 €**

**Low-Carb vegetarisch.**
40 vegetarische Rezepte ohne Fisch und Fleisch.
Wolfgang Link
978-3-95814-005-9 **8,99 €**

**Low-Carb-Suppen.**
40 Suppen und Eintöpfe zum einfachen Nachkochen.
Manuela Oehninger Suter
978-3-95814-004-2 **8,99 €**

NEU

**Low-Carb für Einsteiger.**
32 Rezepte mit zahlreichen Varianten für den Start in eine kohlenhydratarme Ernährung.
Manuela Oehninger Suter
978-3-95814-048-6 **8,99 €**

**Low-Carb kalte Küche.**
40 kohlenhydratarme Rezepte ohne zu kochen.
Manuela Oehninger Suter
978-3-95814-021-9 **8,99 €**

**Low-Carb-Aufläufe.**
40 kohlenhydratarme Rezepte aus dem Ofen & Wissenswertes zu Auflaufformen.
Wolfgang Link
978-3-95814-022-6 **8,99 €**

**Low-Carb-Backen für den Alltag.**
22 kohlenhydratarme, einfache und 100% funktionierende Rezepte für Kuchen und Kekse.
Beate Strecker
978-3-95814-033-2 **8,99 €**

NEU

**Low-Carb-Weihnachtsbäckerei.**
20-mal Kekse, Gebäck und Kuchen zur Weihnachtszeit.
Beate Strecker
978-3-95814-043-1 **8,99 €**

NEU

**Low-Carb für Diabetiker.**
29 kohlenhydratarme Rezepte zur Blutzuckerregulation.
Wolfgang Link | Dr. Jürgen Voll
978-3-95814-045-5 **8,99 €**

NEU

**Low-Carb-Frühstück.**
40 abwechslungsreiche Frühstücksideen mit wenig Kohlenhydraten.
Wolfgang Link
978-3-95814-046-2 **8,99 €**

NEU

**Low-Carb mediterran.**
40 Rezepte aus der beliebten Mittelmeerküche.
Manuela Oehninger Suter
978-3-95814-055-4 **8,99 €**

## Ketogene Ernährung

–BEST-SELLER

**Krebszellen lieben Zucker – Patienten brauchen Fett.**
Gezielt essen für mehr Kraft und Lebensqualität bei Krebserkrankungen.
Prof. Ulrike Kämmerer
Dr. Christina Schlatterer | Dr. Gerd Knoll
978-3-927372-90-0 **24,99 €**

NEU

**Ketogene Ernährung bei Krebs.**
Die besten Lebensmittel bei Tumorerkrankungen.
Prof. Ulrike Kämmerer
Dr. Christina Schlatterer | Dr. Gerd Knoll
978-3-95814-037-0 **14,99 €**

**KetoKüche für Einsteiger: Rezepte & Kraftshakes.**
50 ketogene Rezepte, die schmecken.
Dorothee Stuth | Ulrike Gonder
978-3-942772-42-6 **14,99 €**

**KetoKüche zum Genießen.**
Mit gesunden Gewürzen und Kokosnuss. Über 100 ketogene Rezepte für Genießer.
Bettina Matthaei | Ulrike Gonder
978-3-942772-44-0 **19,99 €**

NEU

**KetoKüche mediterran.**
90 kohlenhydratarme Gerichte rund um das Mittelmeer.
Bettina Matthaei | Ulrike Gonder
978-3-95814-044-8 **19,99 €**

JETZT ALS PAPERBACK

**Stopp Alzheimer!**
Wie Demenz vermieden und behandelt werden kann.
Dr. Bruce Fife **20,00 €**
978-3-942772-86-0 ~~24,99 €~~

**Stopp Alzheimer! Praxisbuch.**
Wie Demenz vermieden und behandelt werden kann. Mit zahlreichen Rezepten, Mental-Test sowie Warenkunde und Kohlenhydrattabellen.
Dr. Bruce Fife
978-3-942772-27-3 **12,99 €**

NEU

**Die Anti-Alzheimer-Diät.**
Alzheimer und Demenz einfach wegessen – oder: Wie die Ernährung vor Alzheimer schützen kann.
Dr. Peter Heilmeyer | Ulrike Gonder
978-3-95814-070-7 **15,99 €**

Das angesagte, Ernährungsthema im systemed Verlag: Gezielt essen bei Krebserkrankungen, Alzheimer und Demenz mit ketogener Ernährung.

**Das Beste aus der Kokosnuss.**
Natives Bio-Kokosöl und Bio-Kokosmehl.
Ulrike Gonder
978-3-942772-56-3 **4,99 €**

**Kokosöl (nicht nur) fürs Hirn!**
Wie das Fett der Kokosnuss helfen kann, gesund zu bleiben und das Gehirn vor Alzheimer und anderen Schäden zu schützen.
Ulrike Gonder
978-3-942772-38-9 **5,99 €**

**Positives über Fette und Öle.**
Warum gute Fette und Öle so wichtig für uns sind.
Ulrike Gonder
978-3-942772-57-0 **4,99 €**

Alle 3 Bücher im Paket
978-3-942772-55-6 **12,00 €**

**KetoKüche kennenlernen.**
Die ketogene Ernährung in Theorie und Praxis.
Ulrike Gonder | Anja Leitz
978-3-942772-80-8 **8,99 €**

**Praxisbroschüre Rezepte zur Unterstützung einer ketogenen Ernährung für Krebspatienten.**
Prof. Ulrike Kämmerer | Nadja Pfetzer
(erhältlich nur beim Verlag) **6,90 €**

systemed verlag

## Ernährung, Gesundheit, Lifestyle, Wellness

**Pur – weiß – tödlich.**
Warum der Zucker uns umbringt – und wie wir das verhindern können.
Prof. John Yudkin | Prof. Robert Lustig
978-3-942772-41-9 **14,99 €**

JETZT ALS PAPERBACK
**Kräuter & Gewürze als Medizin.**
Gesund und schlank mit Vitalkräften aus der Apotheke der Natur.
Klaus Oberbeil
978-3-942772-92-1 **15,00 €** ~~19,95 €~~

**Fit mit 100.**
Jung bleiben, länger leben.
- Ein Leben lang schlank & glücklich.
- Programme für Körper und Seele.
- 100 wertvolle Ernährungstipps.

Klaus Oberbeil
978-3-927372-93-1 **14,99 €**

**Warum Fische nie dick werden.**
Jung & schlank mit Meeresfrüchten, Omega-3-Fettsäuren, Algen und Jod.
Klaus Oberbeil | Patrick Coudert
978-3-942772-71-6 **9,99 €**

**Der Gen-Code.**
Das Geheimnis der Epigenetik – wie wir mit Ernährung und Bewegung unsere Gene positiv beeinflussen können.
Dr. Ulrich Strunz
978-3-942772-01-3 **14,99 €**

**Yes, I can!**
Erfolgreich schlank in 365 Schritten.
Dr. Ilona Bürgel
978-3-927372-51-1 **4,99 €** ~~15,00 €~~

**Das Myoreflexkonzept.**
Schmerzfrei mit aktiven Muskeln.
Dr. med. E. Jörg | P. Kensok
978-3-942772-49-5 **13,99 €** ~~19,99 €~~

**Gesund durch Stress!**
Wer reizvoll lebt, bleibt länger jung!
Hans-Jürgen Richter
Dr. Peter Heilmeyer
978-3-927372-42-9 **4,99 €** ~~15,95 €~~

NEU
**Happy-Hippie-Cooking Ibiza.**
72 Rezepte, die auf Konventionen pfeifen. Love & Peace an der Pfanne.
Elke Clörs
978-3-95814-025-7 **19,99 €**

**Ich habe so lange auf Dich gewartet!**
Der lange Weg durch die Kinderwunschtherapie. Ein Tagebuch – ärztlich kommentiert und ergänzt – über Hoffnungen, Misserfolge, Wegbegleiter und das Wunschkind.
Prof. M. Ludwig | Maileen L.
978-3-942772-11-2 **9,59 €** ~~15,99 €~~

**Mut zur Trennung.**
Plädoyer für eine mutige und produktive Entscheidung – Kinder brauchen Aufrichtigkeit.
Jutta Martha Beiner
978-3-942772-47-1 **9,59 €** ~~15,99 €~~

**Homöopathie – sanfte Heilkunst für Babys und Kinder.**
Homöopathische Behandlung im Alltag.
Angelika Szymczak
978-3-927372-49-8 **5,99 €** ~~19,95 €~~

BEST-SELLER
**Mehr Fett!**
Warum wir mehr Fett brauchen, um gesund und schlank zu sein.
U. Gonder | Dr. N. Worm
978-3-927372-54-2 **13,99 €** ~~19,95 €~~

NEU
**Wechseljahre-Irrtümer.**
Wie uns falsche Vorstellungen und Fehlinformationen davon abhalten, auch diese Lebensphase zu genießen.
Ulrike Gonder
978-3-95814-056-1 **15,99 €**

**Volkskrankheit Fettleber.**
Verkannt – verharmlost – heilbar.
Dr. Nicolai Worm | Kirsten Segler
978-3-942772-78-5 **16,99 €**

BEST-SELLER
**Stopp Diabetes!**
Raus aus der Insulinfalle mit der LOGI-Methode.
Katja Richert | Ulrike Gonder
978-3-927372-56-6 **16,95 €**

**Stopp Diabetes! Praxisbuch.**
Ernährungs- und Bewegungspläne.
LOGI-Methode.
Ein besseres Leben mit Diabetes.
Katja Richert
978-3-942772-08-2 **16,99 €**

**Allergien vorbeugen.**
Schwangerschaft und Säuglingsalter sind entscheidend!
Dr. I. Reese | Chr. Schäfer
978-3-927372-50-4 **9,99 €** ~~14,95 €~~

**Campus Food.**
Vegane Studentenküche.
Anne Bühring | Kurt-Michael Westermann
978-3-942772-21-1 **12,00 €**

**Ethisch Essen mit Fleisch.**
Eine Streitschrift über nachhaltige und ethische Ernährung mit Fleisch und die Missverständnisse und Risiken einer streng vegetarischen und veganen Lebensweise.
Lierre Keith | Ulrike Gonder
978-3-927372-87-0 **14,99 €**

**Gute Kohlenhyrate – schlechte Kohlenhydrate.**
Pfunde verlieren und Energie tanken.
Barbara Plaschka | Petra Linné
978-3-927372-81-8 **12,95 €**

**66 Ernährungsfallen … und wie sie mit Low-Carb zu vermeiden sind.**
- in typischen Alltagssituationen
- für Büro und Freizeit
- mit Einkaufsführer im Supermarkt
- mit ausführlichem Restaurant-Guide

Barbara Plaschka | Petra Linné
978-3-927372-55-9 **15,95 €**

**Low-Carb für Männer. Ein Mann – (k)ein Bauch.**
Jetzt noch übersichtlicher – mit komplett überarbeiteter Kohlenhydrattabelle zum Nachschlagen.
Barbara Plaschka | Petra Linné
978-3-942772-52-5 **15,99 €**

**Köstlich kochen mit Tee.**
Einfache und inspirierende Rezepte.
Tanja Bischof | Harry Bischof **4,99 €**
978-3-942772-76-1 ~~8,95 €~~

nur als eBOOK
**Schwer verdaulich.**
Wie uns die Ernährungsindustrie mästet und krank macht.
Pierre Weill
epub: 978-3-95814-060-8
pdf: 978-3-95814-061-5 **8,99 €**

**Das Kohlenhydratkartell.**
Über die Diätkatastrophe, die finsteren Machenschaften der Zuckerlobby und Wege aus dem Diätendschungel.
Clifford Opoku-Afari
978-3-942772-39-6 **12,95 €**

NEU
**Jod. Schlüssel zur Gesundheit.**
Wiederentdeckung eines Heilmittels.
Neue Power für Ihre Körperzellen.
Kyra Hoffmann | Sascha Kauffmann
978-3-95814-017-2 **14,99 €**

**Entscheidend ist auf'm Teller!**
Das BVB-Prinzip für optimale Fitness und maximale Energie.
Frank Fligge | Jola Jaromin-Bowe
978-3-95814-040-0 **19,99 €**

**Der Paleo-Code.**
Das Steinzeit-Programm.
Romy Dollé
978-3-927372-86-3 **19,99 €**

**Paleo-Guide.**
Kompaktes Basiswissen, Tabellen und praktische Tipps zum leichten Einstieg in ein Leben im Einklang mit den Genen.
Susanne Bader
978-3-95814-036-3 **7,99 €**

**Früchtewampe.**
Warum Obst und Gemüse dick machen!
Romy Dollé
978-3-942772-83-9 **19,99 €**

**Iss einfach gut.**
Das Prinzip Nahrungskette – einfach und pragmatisch erklärt vom Koch der Deutschen Fußballnationalmannschaft.
In Hardcover-Luxusausführung mit Moleskine Gummi und Saisonkalender als DIN-A3-Poster
Holger Stromberg **14,99 €**
978-3-942772-50-1 ~~18,99 €~~

NEU
**Die Foodwerkstatt.**
Ungesunde Lügen haben lange Zutatenlisten. 30 Supermarktklassiker zum Selbermachen und viele Rezepte mehr.
Sebastian Lege
978-3-95814-041-7 **19,99 €**

NEU
**Low-Carb your life.**
Die Lieblingsrezepte aus seiner erfolgreichen Ratgeberreihe. Mit vielen neuen Ideen und Kreationen.
Wolfgang Link
978-3-95814-027-1 **19,99 €**

Bestellen Sie direkt beim Verlag. Versandkostenfreie Lieferung. Alle bereits erschienenen Bücher sind sofort lieferbar. Das tagesaktuelle Programm sowie alle verbindlichen Preise finden Sie auf www.systemed.de.

# Yoga & Achtsamkeit

**Das Hatha Yoga Praxisbuch.**
Für Einsteiger und Fortgeschrittene.
Marcel Anders-Hoepgen
978-3-95814-035-6 **29,99 €**

**Sampoorna Hatha Yoga Stunde.** (DVD)
Stufe 1
Marcel Anders-Hoepgen
978-3-927372-64-1 **17,95 €**

**Sampoorna Hatha Yoga Stunde.** (CD)
Stufe 1
Marcel Anders-Hoepgen
978-3-927372-65-8 **9,79 €** ~~14,95 €~~

**Sampoorna Hatha Yoga Stunde.** (DVD)
Leichte Mittelstufe
Schwerpunkt: Dehnung der Hüften
Marcel Anders-Hoepgen
978-3-942772-04-4 **17,95 €**

**Hatha Yoga Stunde.** (DVD)
Leichte Mittelstufe
Schwerpunkt: Kraftaufbau
Marcel Anders-Hoepgen
978-3-927372-84-9 **17,99 €**

**Hebammen Yoga.**
Übungen zur Geburtsvorbereitung und Rückbildung. ***Inkl. Mantra-Audio-CD.***
Marcel Anders-Hoepgen
978-3-927372-99-3 **5,99 €** ~~19,99 €~~

**Hebammen Yoga.** (Doppel-DVD)
Übungen zur Geburtsvorbereitung und Rückbildung.
Marcel Anders-Hoepgen
978-3-942772-03-7 **16,95 €**

**Nada-Yoga-Musik-Reihe.**
Marcel Anders-Hoepgen

**Eternal OM** (CD)
978-3-942772-16-7 9,99 €

**Shanti** (CD)
978-3-942772-29-7 9,99 €

**Runterkommen** (CD)
978-3-942772-17-4 9,99 €

**Gelassenheit** (CD)
978-3-942772-15-0 9,99 €

Marcel Anders-Hoepgen

**Besser schlafen.** (CD)
**Entspannung für die Nacht.**
978-3-942772-25-9 **9,99 €**

**Gut schlafen.** (CD)
**Entspannung für die Nacht.**
978-3-927372-62-7 **9,95 €**

**Kraft tanken.** (CD)
**Entspannung für den Tag.**
978-3-927372-61-0 **7,99 €**

**Sonnengruß, Teil 2.** (DVD + CD)
Der perfekte Stressabbau.
Marcel Anders-Hoepgen
978-3-927372-97-9 **9,99 €** ~~16,95 €~~

## Sonderedition

**Der Sonnengruß.** (Doppel-DVD)
Work-Out für den Morgen voller Energie und Kraft. Entspannung für den Abend und guten Schlaf.
Marcel Anders-Hoepgen
978-3-95814-067-7 **17,99 €**

**Die Yogi-Methode.**
30-Tage-Challenge zur achtsamen Ernährung.
Vegan – ayurvedisch – yogisch.
Marcel Anders-Hoepgen
978-3-942772-69-3 **19,99 €**

**Yoga: Jeden Tag neu!**
Über 100.000 mögliche Kombinationen für Übungseinheiten à 5 bis 10 Minuten.
Marcel Anders-Hoepgen
978-3-927372-69-6 **13,99 €** ~~28,00 €~~

Marcel Anders-Hoepgen

**Bauchmuskulatur stärken** (CD)
978-3-927372-75-7 8,95 €

**Gleichgewicht** (CD)
978-3-927372-72-6 8,95 €

**Oberen Rücken stärken** (CD)
978-3-927372-73-3 8,95 €

**Unteren Rücken stärken** (CD)
978-3-927372-74-0 8,95 €

**Anti-Stress-Yoga.**
Kartenbox mit 18 Rezepten und 56 Asanas.
Petra Orzech
978-3-942772-85-3 **14,99 €**

**Der Glücksvertrag**
Das 21-Tage-Programm. Ein glückliches Leben in Balance dank einer Formel aus Psychologie und fernöstlicher Heilkunst.
***Inklusive DVD.***
A. Mehta | G. Brüggemann
978-3-942772-14-3 **5,99 €** ~~19,99 €~~

**Rücken for fit.**
Das 30-Tage-Programm für einen schmerzfreien Rücken in nur fünf Minuten pro Tag.
***Inklusive Übungs-DVD.***
Marcel Anders-Hoepgen
978-3-942772-53-2 **14,99 €** ~~19,99 €~~

**Yoga X-Large.**
Auch Dicke können Yoga machen!
Yoga- und Bewusstheitsübungen für Menschen mit Plus-Size-Körpern.
Birgit Feliz Carrasco
978-3-942772-77-8 **17,99 €**

**Schlank durch Achtsamkeit.**
Durch inneres Gleichgewicht zum Idealgewicht.
Ronald Pierre Schweppe
978-3-942772-90-7 **14,99 €**

**Achtsam abnehmen.**
33 Methoden für jeden Tag.
Ronald Pierre Schweppe
978-3-942772-99-0 **12,99 €**

**Warum Stress dick macht**
... und warum wir entspannt schneller abnehmen.
Ronald Pierre Schweppe
978-3-942772-51-8 **9,75 €** ~~12,99 €~~

**Der Burnout-Irrtum**
Ausgebrannt durch Vitalstoffmangel – Burnout fängt in der Körperzelle an! Das Präventionsprogramm mit Praxistipps und Fallbeispielen.
Uschi Eichinger | Kyra Hoffmann
978-3-95814-042-4 **19,99 €**

**Die Anti-Stress-Ernährung.**
Die LOGI-Methode zur Stressbewältigung. Mehr Power für die Körperzellen.
Uschi Eichinger | Kyra Hoffmann
978-3-95814-032-5 **19,99 €**

**Glückliche Kinder.**
Erziehung in Liebe und Achtsamkeit.
***Aus der Reihe »mitGefühl«***
Ronald Pierre Schweppe
978-3-95814-000-4 **7,99 €**

**Starke Partner.**
Beziehung in Liebe und Achtsamkeit.
***Aus der Reihe »mitGefühl«***
Aljoscha Long
978-3-95814-001-1 **7,99 €**

**Dauerhaft schlank.**
Ernährung mit Liebe und Achtsamkeit.
***Aus der Reihe »mitGefühl«***
Dr. Julia Bollwein
978-3-95814-002-8 **7,99 €**

**Selbstheilung.**
Gesundheit durch Liebe und Achtsamkeit.
***Aus der Reihe »mitGefühl«***
Fei Long
978-3-95814-003-5 **7,99 €**

systemed Verlag
Kastanienstraße 10
D-44534 Lünen
Telefon 02306 63934
Telefax 02306 61460
www.systemed.de
faltin@systemed.de

systemed verlag

## Impressum



Redaktion: systemed Verlag, Lünen
systemed GmbH, Kastanienstr. 10, 44534 Lünen
Lektorat: Susanne Bader, Garmisch-Partenkirchen

Fotografie: Studio Reiner Schmitz, München
Foodstyling: Marcel Sumpf, München
Stockfotografie: www.fotolia.de

Gestaltung und Satz: A flock of sheep, Lübeck
Druck: Hitzegrad Print Medien und Service GmbH, Dortmund

ISBN: 978-3-95814-059-2
1. Auflage



systemed verlag

LOGI® DAS ORIGINAL BEI SYSTEMED